Michael Walch

100 PROBESCHULARBEITEN zum IMPERIUM ROMANUM II

Lösungen

HORA VERLAG
Hackhofergasse 8-10
A-1195 Wien

1. Auflage

© 1990 by Hora Verlag Ges.m.b.H., Wien

Alle Rechte, auch die des auszugsweisen Nachdruckes
und der photomechanischen Wiedergabe, vorbehalten

Lektor: Erich Stricz

Satz und Druck: Dr. Friedel Schindler

ISBN 3-213-00033-7

I.R.XV-1

(1) Caesar erklärt, daß die Quaden oder Sueben das größte Volk aller Germanen gewesen sind. (2) Bekanntlich sind von diesen andere Völker mit Krieg heimgesucht *(bedrängt)* und gezwungen worden, den Rhein zu überschreiten. (3) Nachdem die Quaden die Ubier, deren Stamm groß und blühend war, nicht hatten aus ihrem Gebiet vertreiben können, versetzten sie sie in die Knechtschaft. (4) Als Cäsar von den Quaden einen Weg von wenigen Tagen entfernt war, empfing er einige Germanen im Lager, deren Rede folgende war: (5) „Erlaube uns, Cäsar, daß wir die schon besetzten Gebiete behalten! (6) Wir weichen niemandem außer den Sueben, denen nicht einmal die Götter ebenbürtig sein können." (7) Doch Cäsar hoffte nicht grundlos, daß er nicht nur ebenbürtig sein, sondern sie sogar besiegen würde.

I.R.XV-2

(1) Die römischen Beamten pflegten, wenn sie die Lage der *(in den)* Provinzen prüften, Gastgeschenke zu empfangen. (2) Über diese Sache schreibt Kaiser Antonius Caracalla ungefähr folgendes: (3) „Was die Gastgeschenke betrifft, ermahne ich euch, daß ihr nicht das Maß überschreitet, aber (auch) nicht überhaupt keine annehmt. (4) Ein altes Sprichwort lautet: ‚Weder alles, noch jederzeit, noch von allen.' (5) Denn ihr werdet sehr unfreundlich (zu sein) scheinen, wenn ihr von niemandem annehmt *(angenommen haben werdet)*; wenn aber von allen, werdet ihr wegen Habgier getadelt werden." (6) Außerdem mußten die Beamten sich damit abfinden *(erlauben)*, daß sie die ausländischen Bürgerschaften gleichsam als Götter verehrten, obwohl es nicht allen angenehm schien, ihr Lob *(ihre Lobesworte)* zu hören.

I.R.XV-3

(1) Die germanischen Reiter wurden nicht eher gesehen, als sie an das Lager herankamen. (2) Nachdem sie aber von der porta decumana aus ins Lager eingedrungen waren, wurden die Unsrigen von der neuen Lage verwirrt. (3) Der eine meldete, das Lager sei schon eingenommen, der andere (meldete), die siegreichen Barbaren seien gekommen. (4) Ungefähr diese Worte sind im sechsten Buch über den gallischen Krieg von Cäsar selbst zu lesen. (5) Und wenn jemand dieses ganz liest *(gelesen haben wird)*, wird er auch viel über die Sitten der Gallier und Germanen wissen. (6) Denn über diese Dinge hat Cäsar genau geschrieben, damit die Menschen umso mehr wüßten, daß er ein größeres Wissen besaß *(mit einem ... ausgebildet war)*, als (es) für einen Militär *(militärischen Mann)* nötig (wäre).

I.R.XV-4

(1) Darius, der Perserkönig, ging vor einem Kampf mit den Heerführern rund um die Heeresabteilungen, indem er Sol und Mithras und das heilige und ewige Feuer anrief, daß sie ihm eine des alten Ruhmes würdige Tapferkeit gäben. (2) Auf ähnliche Weise betete Alexander, der König der Makedonier, zu Jupiter, Minerva und Victoria, daß sie nicht dem Feind das Kriegsglück verschafften *(erlaubten)*. (3) Und schon waren bei Tagesanbruch die Heerführer gekommen, um die Befehle entgegenzunehmen; im Zelt fanden sie den König schlafend. (4) Und Alexander, als er endlich erwacht war und sie verblüfft sah, sagte: „Es ist keineswegs verwunderlich; (5) ich habe mich nämlich, um umso festeren Mutes zu sein, gestern den Göttern anvertraut."

I.R.XV-5

(1) Daß die Donau Sohn der Thetis und des Okeanos ist, haben wir von Hesiodos vernommen; und jener hat sie bekanntlich die „schön fließende" genannt. (2) Dadurch werde ich gemahnt, daß ich auch einiges von der Art und Weise erwähne, in der die Alten die ganze Natur der Dinge verehrt haben. (3) Wenn du diese genau und sorgfältig geprüft haben wirst, wirst du sehen, daß sie geglaubt haben, daß in fast allen Dingen eine Seele steckt. (4) Wenn dies nicht so gewesen wäre, hätten jene grundlos den Quellen oder Flüssen ihre Gaben dargebracht. (5) Sie hofften aber, daß die Götter die von ihnen fromm gegebenen Gaben annehmen würden: (6) si, qui nunc vivunt, idem sentirent, naturam non in servitutem quandam *(quasi)* redigerent.

I.R.XV-6

(1) Nachdem der Jüngling Phaethon durch eine Andeutung *(Anzeige)* seines Vaters erfahren hatte, daß Sol sein Großvater war, bat er ihn, daß er ihm erlaube, mit seinem Wagen zu fahren. (2) Aber als er nahe an die Erde gefahren war, wurde alles vom nahen Feuer versengt, und er selbst fiel, vom Blitz getroffen, in den Po. (3) Die Inder aber, weil sein Blut durch das Feuer in schwarze Farbe verwandelt wurde, sind schwarz geworden. (4) Phaethons Schwestern aber sind, während sie den Tod des Bruders betrauerten, in Bäume verwandelt worden. (5) Deren Tränen sind, wie Hesiod erklärt, in Bernstein verwandelt worden.

I.R.XV-7

(1) Zu eben dieser Zeit, die den Germanen die angenehmste ist, wenn die Donau die Ufer durch Eis verbindet und riesige Menschenmengen gleichsam auf dem Rücken hinüberträgt, besichtigte Kaiser Trajan Pannonien. (2) Die wilden Stämme dort, die nicht stärker *(mehr)* durch Waffen als durch ihr Klima geschützt sind, blieben, als jener da war, in den Städten, damit sie nicht etwa *(zufällig)* zu einem Kampf gezwungen würden. (3) Die römischen Soldaten aber freuten sich an dieser Glückseligkeit und überquerten die Donau gleichsam zum Spaß *(Spiel)* öfter, als ein Interesse *(die Vernunft)* es erforderte. (4) Und wenn ihnen die Feinde Gelegenheit zum Kampf gegeben hätten, so wäre das unbesiegte Heer des römischen Volkes auch von der zugefrorenen Donau als Sieger davongegangen.

I.R.XV-8

(1) Die Donau bewässert viele (und) sehr schöne Städte, unter denen keine reicher ist als Wien, die Hauptstadt des Landes. (2) Nahe Wien ist ein kleiner Fluß namens Wien; einige glauben, daß nach ihm die Stadt benannt ist. (3) Aber die Sache gestattet es nicht, daß wir (das) so glauben: (4) Die Wien ist nämlich nicht so sehr ein Fluß als vielmehr ein Wildbach — warum also hätte eine so großartige Stadt ihren Namen von jenem empfangen? (5) Wahrscheinlicher *(Der Wahrheit ähnlicher)* scheint dies, daß das, was würdiger ist, dem weniger Würdigen die Namen gibt. (6) quod nisi ita esset, viri immortalitate digni sua nomina mansura esse frustra sperarent.

I.R.XV-9

(1) Nachdem Posidonius, ein mit allem Wissen ausgestatteter Mann, aus Syrien, seiner Heimat, nach Athen gereist war, wurde er von Panätius, dem damals größten der Stoiker, unterrichtet. (2) Dann wählte er Rhodos als Wohnsitz. (3) Als Abgesandter seiner neuen Heimat kam er nach Rom; und als er, von dort zurückkehrend, das, was er in Rom gemacht hatte, in Ruhe überdachte, hoffte er besonders, daß die Freundschaft des noch jugendlichen Pompeius ihm gut und fest erhalten bleiben werde. (4) Etwa zehn Jahre später kam ein gewisser Marcus nach Rhodos, um Posidonius, dessen Ruhm schon die Grenzen Griechenlands überschritten hatte, über die Natur der Dinge vortragen zu hören. (5) Cicero Graeciam visitavit, quo melius institueretur.

I.R.XV-10

(1) Augustinus ist ab seinem 19. Lebensjahr, nachdem er in der Schule jenes Buch Ciceros, das Hortensius heißt, bekommen hatte, von größter Liebe zur Philosophie erfaßt worden. (2) Wenn er also nicht von der Liebe zu seiner Frau und von seinem Ehrgeiz *(Liebe zur Ehre)* festgehalten worden wäre, hätte er sich noch schneller in der Philosophie ausgebildet. (3) Aber Gott schickte ihm eine (gewisse) Krankheit, um ihn umso leichter zu ermahnen, der rhetorischen Kunst Lebewohl zu sagen und sein Leben dem Studium der Philosophie zu weihen. (4) Bekanntlich werden Menschen oft vom Unglück zum Glück gezwungen. (5) nisi ei Deus hunc morbum (im)misisset, Augustinus rhetor *(orator)* mansisset.

I.R.XVI-1

(1) Gaius Plinius grüßt seinen Marcellinus. (2) O bitterer Tag! Tief traurig schreibe ich Dir dies, nachdem ich gehört habe, daß die Tochter des Fundanus uns entrissen worden ist. (3) Wer sollte die Natur nicht anklagen, daß sie ein noch nicht 13 Jahre altes Mädchen geraubt hat? (4) O trauriges und bitteres Begräbnis! (5) Schon war sie einem hervorragenden jungen Mann bestimmt, schon war der Tag der Hochzeit festgesetzt! (6) Wenn ich doch jenen Tag nicht erlebt *(gesehen)* hätte! (7) Zähle nicht die Tröstungen der Philosophie auf! (8) Einem so großen Leid wird jede Rede unebenbürtig sein, auch wenn Du die Autorität jenes sehr beredten Annaeus (Seneca) ins Spiel bringen solltest. (9) Seneca ermahnt uns, die Natur nicht anzuklagen, mit diesen Worten: (10) „Was von beidem," sagt er, „hältst du für gerechter: daß du der Natur oder daß dir die Natur gehorcht?"

I.R.XVI-2

(1) Nachdem Anna gehört hatte, daß ihre Schwester Dido durch das Schwert gestorben war, lief sie nach Hause und, die Hände auf das Haupt der Toten legend, fügte sie diese Worte hinzu: (2) „Was soll ich zuerst sagen? (3) Wenn du mich doch zu demselben Schicksal gerufen hättest! (4) Wenn uns doch dasselbe Schwert und dieselbe Stunde hinweggerafft hätte! (5) Wenn doch Aeneas in Troja geblieben wäre! (6) Ich würde dich noch lebend sehen und müßte nicht das unheilvollste Begräbnis jetzt vorbereiten. (7) Doch du, Übelster, sollst nie zur Ruhe kommen, sondern überall soll das traurige Bild meiner Schwester zugegen sein!" (8) quis omnes enumeret *(enumerare potest/possit)*, quos amor fatalis ad mortem compulit *(qui amore fatali ad mortem compulsi sunt)*?

I.R.XVI-3

(1) Tullius grüßt seinen Tiro. (2) Am 27. November hat mir endlich der Briefträger Deinen Brief überbracht, den Du am 13. November aufgegeben hattest und der mir viel Trost geboten hat; (3) wenn er mich doch gänzlich von den Sorgen befreit hätte! (4) Aber immerhin *(dennoch)* sagt der Arzt, daß Du bald gesund sein wirst. (5) Was soll ich Dich nun veranlassen, daß Du alle Sorgfalt aufwendest für Deine Genesung? (6) Ich kenne Deine Klugheit und Deine Liebe zu *(gegenüber)* mir; (7) ich weiß, daß Du alles tun wirst, um möglichst bald bei *(mit)* uns zu sein. (8) Aber dennoch eile nicht! (9) Es soll bei Dir nicht mehr der Gehorsam als die Sorge um die Gesundheit vermögen!

I.R.XVI-4

(1) Marcus Cicero grüßt seinen Titius. (2) Auch wenn ich Dir keineswegs Tröstungen bieten kann, weil ich aus Deinem Leid soviel Leid geschöpft *(gefangen)* habe, daß ich selbst der Tröstungen bedurfte, habe ich dennoch beschlossen, Dir diesen Brief zu schreiben. (3) Es ist aber jener der gängigste Trost: (4) Denken wir daran, daß wir Menschen sind, mit der Auflage *(dem Gesetz)* geboren, daß unser Leben allen Geschossen des Schicksals ausgesetzt ist. (5) Also wollen wir tapfer alle Schicksalsschläge *(Fälle)* ertragen! (6) Wer immer in diesen sehr schweren Zeiten des Staates als Jüngling oder als Knabe gestorben ist, der scheint mir von den Göttern aus diesem Elend entrissen (zu sein). (7) Auch wenn dieser Trost Deinem Leid unebenbürtig sein sollte, ist es dennoch ein Trost.

I.R.XVI-5

(1) Tullius grüßt seine Terentia. (2) Ich Armer! (3) Zu wie großem Schmerz gereicht es mir, daß Du durch die Liebe zu *(gegenüber)* mir in so große Mühseligkeiten gekommen bist! (4) Denn was soll ich über (unseren) Sohn sagen? (5) Sobald dieser herangewachsen war, hat er die bittersten Leiden empfunden. (6) Wenn ich dies alles für schicksalhaft hielte, würde ich (es) ein wenig lieber ertragen; (7) aber alles ist durch meine Schuld geschehen *(gemacht worden)*. (8) Denn wenn wir unseren Ratschlägen gehorcht hätten und die Rede der Freunde bei uns nicht gegolten hätte, würden wir sehr glücklich leben. (9) Nun da uns die Freunde hoffen lassen *(zu hoffen befehlen)*, werde ich mich bemühen, daß uns nicht meine Gesundheit fehlt. (10) Geben wir also nicht den Mut auf! (11) Lebewohl!

I.R.XVI-6

(1) Cicero grüßt seinen Silius. (2) Was soll ich Dir den empfehlen, den Du selbst liebst? (3) Aber dennoch, damit Du weißt, daß er von mir nicht nur geschätzt, sondern sogar geliebt wird, deswegen schreibe ich Dir dies. (4) Von allen Deinen Diensten, die sowohl zahlreich als auch groß sind, sollte mir der willkommenste (der) sein, wenn Du Egnatius so behandelst, daß er fühlt, daß sowohl er von mir als auch ich von Dir geliebt werde. (5) Daher bitte ich Dich, daß Du Dich bemühst, daß er merkt, daß ich an Dich sorgfältig genug geschrieben habe; (6) denn über Dein Wohlwollen mir gegenüber hat er nicht gezweifelt.

I.R.XVII-1

(1) Der König der Icener war von solchem Gehorsam den Römern gegenüber gewesen, daß er glaubte, sein Reich und sein Haus würden fern von Unrecht bleiben. (2) Doch Reich und Haus wurden durch die Römer so verheert, daß sogar die Frau des Königs mit Peitschen geschlagen wurde. (3) Dies nahmen die Icener ungern hin und griffen zu den Waffen. (4) Da kam Suetonius, der dem Heer der Römer vorstand, mitten unter Feinden nach Londinium; (5) dort, zuerst unschlüssig, welchen Platz er für den Krieg wählen sollte, beschloß er schließlich, durch das Opfer **einer** Stadt alles zusammen zu retten. (6) Bekanntlich sind 70.000 Bürger in dieser Gegend gefallen. (7) Und keine so furchtbare Niederlage hat Britannien je erduldet, seit *(nachdem)* es zu einer Provinz gemacht worden war.

I.R.XVII-2

(1) Nachdem Cäsar die Germanen, die jenseits des Rheins wohnen, als erster der Römer mit schwersten Niederlagen gestraft *(behaftet)* hatte, führte er die Truppen in das zuvor unbekannte Britannien hinüber und befahl den bezwungenen Britannen Steuern (zu zahlen). Doch seine Flotte ist von der Gewalt eines Unwetters so heimgesucht worden, daß gerade ein paar Schiffe *(kaum wenige Schiffe)* übrigblieben. (3) Cäsar habe Britannien in der Hoffnung auf Perlen aufgesucht, sagen manche. (4) Denn als er die Expedition unternahm, hatte er die, die die Insel schon gesehen hatten, gefragt, wie beschaffen ihre Lage sei, welche Menschen sie bewohnten (und) was er dort an Reichtümern finden werde. (5) Der Ruf der in Britannien gefundenen Perlen aber war so weit verbreitet, daß es glaubhaft ist, daß Cäsar tatsächlich von diesen dorthin gelockt *(eingeladen)* worden ist.

I.R.XVII-3

(1) Sehen wir, was und wie beschaffen die Güte ist und welche Grenzen sie hat. (2) Wir können so definieren, daß Grausamkeit die Neigung des Herzens zur Rauheit ist: (3) diese weist Güte weit von sich. (4) Es ist zweckmäßig, an dieser Stelle zu fragen, was Mitleid ist. (5) Mitleid ist das Übel der Herzen, die Elend fürchten. (6) Sehr viele aber loben sie wie eine Tugend. (7) Nun wollen wir auch festsetzen, was Gnade ist, und wir werden sehen *(wissen)*, daß jene von einem Weisen nicht gewährt werden darf. (8) Die Güte zeichnet sich zuerst dadurch aus, daß sie versichert, daß jene, die Unrecht getan haben, nichts anderes als Strafe erdulden mußten.

I.R.XVII-4

(1) Fast ganz Gallien war den Galliern unbekannt. (2) Daher konnten die von überall zu Cäsar gerufenen Leute weder sagen, wie groß die Insel sei *(wie groß die Größe ...)* noch welche und wie große Nationen sie bewohnten. (3) Nachdem Cäsar Gaius Volusenus mit einem Kriegsschiff *(langen Schiff)* vorausgeschickt hatte, marschierte er selbst mit allen Truppen zu den Morinern, weil von dort aus die Überfahrt nach Britannien am kürzesten war. (4) Volusenus aber erschrak über die Rauheit der Insel so (sehr), daß er sich möglichst schnell auf das Festland zurückzog. (5) Als Cäsar ihn fragte, was er in Britannien gesehen habe, antwortete er mit Mühe weniges über die Lage der Insel.

I.R.XVII-5

(1) Britannien, von den Inseln, die den Römern bekannt sind, die größte, ist zur Zeit des Kaisers Claudius zum erstenmal bezwungen worden; (2) nachdem Aulus Plautius vier Legionen nach Britannien hinübergeführt hatte, besiegte er die Belger, die diesen Teil der Insel bewohnten, und er verwandelte deren Gebiet in eine Provinz. (3) Aber die Nachbarreiche ertrugen die Nachbarschaft der römischen Provinz ungern: (4) sie hatten nämlich gehört, wieviel Abgaben sie leisten würden, wenn sie den Römern untertan wären. (5) So hielt das Volk der Icener, als es gezwungen wurde, Abgaben zu zahlen, das Unrecht für so groß, daß es die Waffen ergriff und eine Schlacht gegen die Römer begann. (6) Die siegreichen Römer befahlen den Besiegten so hohe Abgaben (zu leisten), daß kaum (etwas) übriggelassen wurde, wovon sie ihr Leben bestreiten *(erdulden)* konnten.

I.R.XVII-6

(1) Nachdem Cäsar nach Britannien gekommen war, waren schon von überall größere Truppen der Britannen an diesem Ort zusammengekommen. (2) Der Oberbefehl wurde Cassivellaunus übertragen, dessen Gebiet von den am Meer gelegenen Stämmen der Fluß trennt, der Themse genannt wird. (3) Dieser hatte in der früheren Zeit mit den übrigen Bürgerschaften zahlreiche Kriege geführt. (4) Doch über die Ankunft der Römer erschraken die Britannen so sehr, daß sie sich ihn zum Führer gegen die Römer wählten. (5) Sie hatten nämlich gehört, wieviel Abgaben sie leisten würden, wenn Britannien in eine Provinz verwandelt würde *(worden wäre)*. (6) Cäsar führte das Heer zur Themse in das Gebiet des Cassivellaunus. (7) Dieser Fluß kann an einer (einzigen) Stelle zu Fuß, und dies mit Mühe, überquert werden.

I.R.XVII-7

(1) Nachdem Paulus Perses, den König Makedoniens, bezwungen hatte, verkündigte er lateinisch, was dem Senat und was ihm recht erschienen sei *(gefallen hätte)*: (2) „Ich lasse die Makedonier frei sein und dieselben Städte und Äcker haben; die halbe Steuer, die ihr den Königen gezahlt habt, befehle ich euch dem römischen Volk zu zahlen. (3)In vier Zonen wird Makedonien geteilt werden (, und zwar) so, daß Beamte jeder Zone gewählt werden. (4) Metalle, nämlich Gold und Silber *(des Goldes und Silbers)* sollen nicht bearbeitet werden, Eisen aber (zu bearbeiten) wird gestattet. (5) Denen, die (es) bearbeiten, wird

die halbe Abgabe dessen auferlegt werden, was sie dem König gezahlt haben." (6) Diese Verkündigungen stimmten die Gemüter verschieden: (7) Die geschenkte Freiheit und die gesenkte Abgabe freuten die Makedonier, die Teilung der Heimat schmerzte sie.

I.R.XVII-8

(1) Zu den isthmischen Spielen waren von überall Leute zusammengekommen, von Erwartung bewogen, welche von nun an die Ordnung Griechenlands sein würde, welches ihr Los sei. (2) Sie hatten sich zum Schauspiel niedergelassen, und nachdem der Herold mit der Tuba, wie es Sitte ist, Stillschweigen befohlen hatte, verkündigte er so: (3) „Der römische Senat und der Befehlshaber Titus Quinctius läßt die Korinther frei sein." (4) Die Freude aller war größer, als daß sie glaubten, die Wahrheit gehört zu haben. (5) Der Zuverlässigkeit der eigenen *(ihrer)* Ohren nicht trauend, fragten sie die nächsten, was der Herold gesagt habe. (6) Da erhob sich von schon sicherer Freude aus ein so großes Geschrei, daß leicht sichtbar wurde, daß nichts von allen Gütern der Menge willkommener ist als die Freiheit.

I.R.XVII-9

(1) Für nichts müssen die, die dem Staat vorstehen, mehr sorgen, als daß sie uneigennützig sind. (2) Was soll ich jenen Paulus erwähnen, der nach so großen Schlachten und so glänzenden Triumphen so uneigennützig war, daß er nichts von der Beute zu sich nach Hause *(in sein Haus)* brachte? (3) Er hatte nämlich Perses bezwungen, den König Makedoniens, und hatte die reichste Stadt Korinth erobert. (4) Dennoch beging er kein Unrecht und suchte keinen Lohn seiner Mühe, und das ist *(das, was)* am meisten bewundernswert unter Menschen *(ist)*. (5) Denn wir wissen, auch wir Heutigen, wie mühevoll die Beamten Gerechtigkeit und Uneigennützigkeit pflegen.

I.R.XVII-10

(1) Nachdem Paulus Makedonien bezwungen hatte, hielt er eine eines römischen Fürsten würdige Rede: (2) „Mit wieviel Glück ich den Staat verwaltet habe, glaube ich, wißt ihr, o Römer. (3) Duldet dennoch, daß ich mit wenigen Worten mit dem öffentlichen Glück mein privates Schicksal vergleiche!" (4) Er hatte nämlich nach dem Sieg an einem Tag zwei Söhne verloren. (5) „Ich habe Makedonien unter die Herrschaft des römischen Volkes gebracht und einen Krieg, den durch vier Jahre vier Konsuln vor mir so geführt haben, daß sie ihn dem Nachfolger als einen immer schwereren weitergaben, (habe ich) in fünfzehn Tagen beendet. (6) Doch der König, den ich besiegt habe, hat dennoch seine lebendigen Söhne: ich, der ich über jenen triumphiert habe, werde so von Leid erfüllt, daß ich (es) mit Mühe ertrage."

I.R.XVIII-1

(1) Nachdem der Philosoph Aristipp an einer (gewissen) Küste gelandet war und geometrische Figuren erblickt hatte, soll er so ausgerufen haben: (2) „Wir wollen guter Hoffnung sein *(gut hoffen)*, denn ich sehe Spuren von Menschen!" (3) Und sofort eilte er in die Stadt Rhodos und er wurde dort, weil er über Philosophie mit höchster Beredsamkeit sprach, mit so großen Gaben beschenkt, daß er nicht nur sich ausstattete, sondern sich auch denen, die gemeinsam mit ihm waren, sehr großzügig erwies. (4) Als aber seine Gefährten in die Heimat zurückkehren wollten *(hatten ... wollen)* und ihn fragten, was er wolle, daß sie zu Hause ausrichten *(melden)* sollen, befahl er ihnen zu sagen: (5) „Die Kinder sollen sich solche Besitztümer erwerben, die immer zusammen mit ihnen bleiben!"

I.R.XVIII-2

(1) Abälardus berichtet über den Lehrer Anselm etwa dieses: (2) „Ich ging also an Anselm heran, dem mehr das Alter als der Verstand oder die Beredsamkeit Ruhm gebracht *(bereitet)* hatte. (3) Wenn jemand an diesen, über irgendeine Frage im unklaren *(unsicher)*, heranging, ging er noch unklarer fort. (4) Nachdem ich also an diesen herangetreten war, gab es binnen kurzem keinen Zweifel, daß die Schüler irrten, wenn sie meinten, sie würden irgendetwas von der Weisheit aus dem Zusammensein mit ihm *(aus der Gemeinschaft dessen)* sich gewinnen. (5) Ich begriff, daß es Lehrer gibt, die Geld lieber als Weisheit wollen. (6) Es zeugt aber von ganz schlechter Gesinnung, zweifelhafte Dinge der Jugend zu überliefern." (7) Über Anselm kann gesagt werden, was der Dichter Lukan über Pompeius gesagt hat: (8) „Er steht da als ein Schatten eines großen Namens."

I.R.XVIII-3

(1) Quintilian sagt, es werde keiner ein Redner sein außer ein guter Mensch *(Mann)*. (2) „Denn gewiß wird man wohl denen, die, obwohl sie den Weg des Ehrenhaften sehen, den schlechteren lieber wollen, weder Intelligenz noch Klugheit zuschreiben. (3) Nicht einmal an einem sehr schönen Werk arbeiten *(nach einem ... streben)* kann ein Geist, wenn er nicht frei von allen Lastern ist; (4) es ist nämlich kein Zweifel, daß es in derselben Brust keine Gemeinschaft des Ehrenhaften und des Bösen gibt. (5) Denn ein in eine so große Sache vertieftes Herz muß von allen anderen Sorgen frei sein. (6) So wird es frei und ganz, wenn es von nichts anderem bewegt ist *(worden sein wird)*, auf das allein schauen, was ihm vorschwebt."

I.R.XVIII-4

(1) Damit ich schließlich den größten Teil unserer Frage löse, wollen wir gleich viel *(dasselbe an)* Begabung dem schlechtesten und dem besten Menschen *(Mann)* geben: (2) Wer von beiden wird der bessere Redner genannt werden? Selbstverständlich der, der auch der bessere Mensch ist. (3) „Also war Demosthenes kein Redner? (4) Wir wissen, daß er ein schlechter Mensch *(Mann)* gewesen ist. (5) Cicero (auch) nicht? Auch dessen Sitten haben viele getadelt." (6) Was soll ich tun? (7) Mir scheint weder Demosthenes einer so scharfen Sittenkritik *(einer so schweren Mißgunst der Sitten)* würdig, daß ich alles, was gegen

ihn von Feinden gesagt worden ist, glaube, noch sehe ich, daß Cicero in irgendeinem Bereich *(Teil)* der Wille eines vortrefflichen *(sehr guten)* Bürgers gefehlt hat. (8) Denn er hat sich weder von Hoffnung noch von Furcht abschrecken lassen, sich den besten Gruppierungen *(Parteien)* anzuschließen *(zu verbinden)*.

I.R.XVIII-5

(1) Pythagoras wollte, daß er nicht weise wie die, die vor ihm waren, sondern nach Weisheit strebend genannt wird. (2) Ich werde sagen, daß Cicero der perfekte Redner ist, und dennoch, weil jener sich nie den Namen eines Weisen zugeschrieben hat und in einer sichereren Zeit besser hätte reden können, möchte ich glauben, daß ihm jene Vollendung gefehlt hat, an die niemand näher herangekommen ist. (3) Es gibt welche, die Cicero nicht einmal in der Beredsamkeit genug zuschreiben. (4) Da es aber unzweifelhaft ist, daß sie dies aus Neid *(von Neid bewogen)* sagen, übergehe ich sie ohne weiteres *(leicht)*. (5) Wir wollen also zugestehen, daß irgendein schlechter Mensch *(Mann)* gefunden worden ist, der sehr redegewandt ist, doch daß er ein Redner gewesen ist, (das) werde ich bestreiten *(verneinen)*.

I.R.XVIII-6

(1) Die erste Schuld liegt in den Lehrern: (2) Es gibt nämlich welche, die die Schüler gerne halten, teils aus Streben nach Geld, teils aus Wichtigtuerei, damit es umso schwieriger scheint, was sie lehren, teils auch aus Nachlässigkeit. (3) Die nächste (Schuld) liegt in uns Schülern, die wir lieber bei dem, was wir kennen, bleiben als lernen wollen, was wir noch nicht wissen. (4) Denn damit wir über unsere Studien sprechen: Wozu dient es, soviel Mühe auf zweifelhafte Dinge zu verwenden? (5) Es besteht kein Zweifel, daß das Wissen um die Dinge täglich wächst. (6) Aber wir haben uns die Zeit selbst kurz gemacht. (7) Wenn wir diese ganz den Studien widmen *(geben)* würden, würde uns das Leben lang genug erscheinen.

I.R.XVIII-7

(1) Es ist kein Zweifel, daß wir alle zum Streben nach Wissen getrieben *(gezogen)* werden, worin sich hervorzutun wir für schön halten, zu irren aber, nicht zu wissen für schlecht halten. (2) Haltet nicht Unerkanntes für Erkanntes! (3) Wer diesen Fehler meiden *(fliehen)* will — alle aber müssen das wollen —, wird sowohl Zeit als auch Sorgfalt aufwenden. (4) Ein zweiter *(anderer)* Fehler ist, daß einige allzu großen Eifer auf keineswegs notwendige Dinge verwenden *(übergeben)*. (5) Habet immer den Mann vor Augen, den sittenstrengen Lehrer, der in der Weisheit hervorragt, dessen Spuren ihr verfolgen *(pflegen)*, dessen Wissen ihr (be)achten sollt! (6) Muße ohne Wissenschaften ist der Tod und eines lebendigen Menschen Grab.

I.R.XVIII-8

(1) Comenius, jener hervorragendste Erzieher des 17. Jahrhunderts, macht folgenden Anfang seiner *Didactica Magna*: (2) „Es sei das Ziel unserer Didaktik: (3) einen Weg *(eine Art und Weise)* finden, auf dem die Lehrenden weniger lehren, die Lernenden aber mehr lernen." (4) Über das Sprachenstudium (sagt) jener selbige: „Sprachen werden gelernt nicht als Teil der Weisheit, sondern als Werkzeug der Weisheit. (5) Es sollen nicht alle bis zur Perfektion gelernt werden. (6) Es ist nämlich nicht nötig, zu sehr die lateinische oder die griechische Sprache zu studieren, weil die Menschen fehlen, mit denen wir uns unterhalten *(ein Gespräch haben)* könnten." (7) Es ist kein Zweifel, daß es genügt, diese Sprachen zum Nutzen der Geschichte und der Erklärung der alten Weisheit *(Philosophie)* zu lernen.

I.R.XVIII-9

(1) Es ist aber Pflicht des Jugendlichen, die Älteren zu achten und aus ihnen die besten auszuwählen, durch deren Autorität und Weisheit er unterstützt wird *(werden soll)*. (2) Es ist Pflicht der Älteren, die Unwissenheit und Nachlässigkeit der Jungen durch Rat und Weisheit anzuleiten. (3) Diese Gemeinschaft der Pflichten bewirkt, daß die Fehler der Jugend vermindert werden und die Kräfte der Älteren wachsen. (4) Wenn aber von den Älteren geirrt wird *(wird geirrt worden sein)*, wird es ein doppeltes Übel sein, weil sowohl sie selbst irren als auch ihre Irrtümer gleichsam als letzte Urteile der Jugend übergeben. (5) Es gibt welche, die sagen, zu sehr nach Weisheit zu streben passe nicht zu einem echten Römer; (6) daß es ein solches Gerücht über seinen Schwiegervater gegeben habe, überliefert Tacitus.

I.R.XVIII-10

(1) Die Jugend sucht die Redelehrer; wann deren Profession zuerst in diese Stadt eingeführt worden ist und wie kein Ansehen sie bei den Vorfahren gehabt hat, werde ich sogleich überliefern. (2) Ihr kennt freilich Ciceros Buch, in dessen letztem Teil er von seinen Anfängen, gleichsam von der Erziehung seiner Beredsamkeit erzählt. (3) Dieser ist, mit diesen Lehrern nicht zufrieden, die er in Rom gehört hatte, auch nach Achaia und Asia gereist, damit er keine Kunst vernachlässige. (4) Daher kann an seinen Büchern erkannt werden, daß ihm weder die Kenntnis der Geometrie, noch der Grammatik, noch schließlich irgendeiner Kunst gefehlt hat. (5) Es ist kein Zweifel, daß er lieber die Vorschriften der Weisheit als die zweifelhaften Dinge der Redelehrer gelehrt werden wollte.

I.R.XIX-1

(1) Das stärkste (höchste) Band der Menschen unter sich ist die Menschlichkeit; wer diese verletzt (haben wird), muß für einen Frevler gehalten werden. (2) Daher hat uns Gott befohlen, die Unterworfenen zu verschonen, den Armen zu helfen, die Erzürnten zu versöhnen. (3) Wir wollen also (daran) denken, daß wir Feindschaften immer beseitigen, Freundschaften aber immer pflegen müssen. (4) Denn weil wir alle von einem Gott erschaffen (worden) sind, sind wir gewiß Brüder. (5) Als Gott, der höchste Künstler, das

Menschengeschlecht geschaffen hatte, hatte er gesagt: (6) „Es ist nicht gut, daß der Mensch allein sei: wir wollen ihm eine Stütze machen, (die) ihm gleich (sei)." (7) Und Gott baute eine Rippe, die er Adam entnommen hatte, zu einer Frau aus: (8) Und daß diese unser aller Mutter ist, ist unzweifelhaft.

I.R.XIX-2

(1) Wir müssen zur Genüge davon überzeugt sein, daß, auch wenn wir alle Götter und Menschen betrügen könnten, dennoch kein Unrecht getan werden darf. (2) Wenn ein Weiser den Ring des Gyges haben sollte, sollte er nicht mehr wagen, als wenn er ihn nicht hätte. (3) Denn daß zu einem glücklichen Leben die Tugend genügt, ist unter allen Weisen unbestritten *(steht ... fest)*. (4) Wenn also niemand es wissen sollte, wenn du etwas getan hast *(haben wirst)*, um Reichtum zu erwerben, um die Macht zu vergrößern, um das Verlangen zu stillen, solltest du das tun? (5) Keineswegs, denn alles Schändliche ist zu meiden *(fliehen)*. (6) Die über Gyges überlieferte Geschichte wird uns an anderer Stelle zu erzählen sein.

I.R.XIX-3

(1) Wer immer mit mir die menschlichen Angelegenheiten und die Gemeinschaft der Menschen betrachtet *(haben wird)*, wird nicht zu leugnen wagen, daß es niemanden gibt, der sich nicht freuen will, niemanden, der nicht den Frieden haben will. (2) Es muß nämlich gesagt werden, daß auch die selbst, die Kriege wollen, nichts anderes als siegen wollen. (3) Zu einem prächtigen Frieden also wollen sie durch Kriegführen gelangen. (4) Mit dem Ziel des Friedens also werden auch die Kriege geführt, sogar von diesen, die sich bemühen, ihre Tapferkeit mit Befehlen und Kämpfen auszuüben. (5) Daher ist bekanntlich der Friede das wünschenswerte Ziel des Krieges. (6) Die also Kriege führen, wollen nicht (das) nicht, daß Friede ist, sondern daß der (Friede) ist, den sie wollen.

I.R.XIX-4

(1) Die das höchste Gut in eine (einzige) Tugend setzen und, was die Natur verlangt, nicht verstehen, werden von dem größten Irrtum befreit werden, wenn sie Epikur anhören wollen. (2) Denn wenn diese glänzenden Tugenden nicht Glückseligkeit bewirkten, wer würde sie für lobenswert halten? (3) So würden wir nicht nach Weisheit streben, die für die Kunst zu leben zu halten ist, wenn sie nichts bewirkte. (4) Nun streben wir (aber) nach ihr, weil sie gleichsam die Künstlerin *(der Künstler)* im Erwerben der Glückseligkeit *(die Glückseligkeit zu erwerben)* ist. (5) Die Weisheit ist nämlich die einzige, die den Schmerz aus den Herzen treibt. (6) Die Weisheit ist uns von der Natur gegeben (worden) zu einem glücklichen Leben — was hätte ohne diese das Leben der Menschen sein können?

I.R.XIX-5

(1) Den vornehmen Athleten haben die Ahnen der Griechen große Ehren bestimmt. (2) Es ist zu fragen, warum nicht ebenso den Schriftstellern dieselben Ehren oder sogar größere zugeteilt worden sind. (3) Die Schriftsteller nämlich wecken nicht nur ihre (eigenen) Begabungen durch Bücher zum Lernen, sondern auch die aller. (4) Die Lehren des Pythagoras, des Plato, des Aristoteles und der übrigen Weisen sollen nicht nur von ihren (Mit)bürgern, sondern auch von allen Völkern beachtet werden. (5) Da also so große Gaben von der Klugheit der Schriftsteller den Menschen gegeben worden sind, meine ich, daß diesen nicht nur Kränze zugeteilt, sondern auch Triumphzüge zugesprochen und sie selbst zu den Göttern gerechnet werden müssen.

I.R.XIX-6

(1) Was manche sagen, um umso angenehmer in Muße zu leben, (das) ist gewiß am wenigsten anzuhören: (2) (Sie sagen nämlich,) es gingen meistens Menschen in die Politik *(zum Staat)*, (die) keiner guten Sache würdig (seien), mit denen verglichen zu werden sie für schändlich halten. (3) Aus diesem Grunde passe es nicht zu einem Weisen (, sagen sie), Feindschaften auszutragen oder auf für einen Weisen unerträgliche *(nicht zu ertragende)* Ungerechtigkeiten zu warten. (4) Doch was gibt es für einen triftigeren Grund, in die Politik zu gehen, als daß die Guten nicht den Schlechten gehorchen (müssen) und daß der Staat nicht dem Willen der Schlechtesten unterworfen wird? (5) Es ist also Pflicht des Weisen, dem Staat zu Hilfe zu kommen und alles zu wagen, um das Recht zu wahren.

I.R.XIX-7

(1) Eine so große Liebe zum Wissen ist in uns, daß es niemandem zweifelhaft sein kann, daß die Natur der Menschen zu dieser Sache (, auch wenn sie) von keinem Lohn angelockt *(eingeladen)* (wird), sich hingezogen fühlt *(geraubt wird)*. (2) So sehen wir, daß Kinder *(Knaben)* von der Erforschung der Dinge nicht abgehalten *(vertrieben)* werden können. (3) Sie freuen sich nämlich, etwas zu wissen, und begehren, es anderen zu erzählen. (4) Die sich an Studien und Künsten erfreuen, bezahlen mit größten Sorgen und Mühen diese Freude, die sie aus dem Lernen schöpfen *(fangen)*. (5) Mir jedenfalls scheint Homer etwas *(ein gewisses)* dieser Art in den Sirenen gesehen zu haben: (6) Denn sie riefen die Menschen nicht durch die süße Stimme oder die Verschiedenheit des Gesanges *(Singens)*, sondern weil sie versicherten, viel zu wissen, sodaß die Menschen an ihren Felsen aus Verlangen zu lernen hingen.

I.R.XIX-8

(1) Karl der Große war von höchster Beredsamkeit und konnte, was immer er wollte, sehr deutlich *(offen)* ausdrücken. (2) Und mit der heimatlichen Sprache *(Rede)* nicht zufrieden, bemühte er sich auch um das Erlernen *(Auswendiglernen)* anderer Sprachen. (3) Unter *(In)* diesen lernte er die lateinische so, daß er ebenso in jener wie *(und)* in der heimatlichen Sprache zu reden *(beten)* gewohnt war. (4) Er war freilich dermaßen beredsam, daß er sogar ein bißchen geschwätzig erschien. (5) Im Lernen der Grammatik hörte er einen

gewissen älteren Petrus. (6) Er lernte die Kunst des Rechnens. (7) Im Bett aber pflegte er Tafeln zu haben, um die Hand im Bilden von Buchstaben zu üben. (8) Die christliche Religion, die er schon als kleines Kind gelehrt worden war, pflegte er mit größter Sorgfalt.

I.R.XIX-9

(1) Atticus hatte Quintus Caecilius zum Onkel, einen römischen Ritter, (der) reich und von sehr schwieriger Natur (war). (2) Und er berücksichtigte *(beachtete)* dessen Rauheit so, daß er dessen Wohlwollen bis ins höchste Alter behielt und ihn nie kränkte. (3) Also adoptierte ihn Caecilius in seinem Testament und machte ihn zum Erben. (4) Atticus' Schwester war mit Quintus Tullius Cicero verheiratet, und diese Hochzeit hatte Marcus Cicero gestiftet, mit dem er schon als Schüler sehr verbunden lebte, sodaß man glauben sollte *(muß)*, daß in einer Freundschaft ähnliche Sitten mehr vermögen als irgendetwas anderes. (5) Was soll ich mehr von Atticus erwähnen? (6) Denn er beachtete die Vorschriften der Philosophen so, daß er diese zur Lebensführung, nicht zu glänzendem Reden pflegte.

I.R.XIX-10

(1) Es ist über die außerordentliche Tüchtigkeit des Gnaeus Pompeius zu sprechen. (2) So muß ich ein Maß in meiner *(der)* Rede suchen. (3) Was der Fall ist *(Welcher der Grund ist)*, seht ihr; nun überlegt mit mir, was zu tun ist! (4) Zuerst scheint mir über die Art des Krieges gesprochen werden zu müssen, dann über die Größe (des Krieges), sodann über die Wahl des Feldherrn. (5) Denn die Art des Krieges ist dergestalt (dieser Art), daß er eure Gemüter besonders zum Handeln anspornen *(antreiben)* muß. (6) Auf dem Spiel stehen die Güter vieler Bürger, für die ihr, um den Staat zu bewahren, sorgen müßt. (7) Wer ist also so geeignet, einen so großen Krieg zu führen *(zu verwalten)*, wie Pompeius?

I.R.XX-1

(1) Wenn es (mir) möglich ist, mehrere Tage von Rom abwesend zu sein, suche ich das Land auf. (2) Ich besuche gewöhnlich das Landhaus in Arpinum, weil dies meine Heimat ist. (3) Hier nämlich bin ich aus einer alten Familie hervorgegangen *(geboren)*. (4) Du siehst, o Atticus, das Landhaus, wie es freilich jetzt ist, durch den Eifer meines Vaters erbaut. (5) Dieser hat, von seinem Gesundheitszustand behindert, hier fast das ganze Leben verbracht. (6) Auch Odysseus hat nach der Zerstörung Trojas, als er, nach Hause zurückkehrend, auf einer (gewissen) Insel zurückgehalten wurde, obwohl ihm die Unsterblichkeit in Aussicht gestellt worden war, dennoch lieber als Sterblicher die Heimat (wieder)sehen wollen. (7) So bin ich in Tränen aufgelöst *(werde ich von Tränen beendet)*, sooft ich mich — ach selten! — nach Verlassen der Stadt diesem Landhaus nähere. (8) Von der Sehnsucht nach der Heimat werden wir alle gezogen.

I.R.XX-2

(1) Du fragst, auf welche Weise ich auf dem Lande im Sommer den Tag einteile. (2) Nachdem ich den Sekretär gerufen und den Tag hereingelassen habe (das heißt die Fenster geöffnet habe), nehme ich die tägliche Arbeit in Angriff (auf mich). (3) Ich besteige den vorgeführten Wagen und mache auch dort dasselbe: (4) Ich denke nach, wenn ich irgendetwas in Händen habe, ich denke einem Schreibenden gleich nach. (5) Beim Essen wird mir, wenn ich mit meiner Frau oder wenigen esse, ein Buch vorgelesen. (6) Nach Beendigung verschiedener Gespräche wird der Tag beschlossen. (7) Manchmal wird irgendetwas an dieser Ordnung verändert. (8) Denn wenn ich länger geschlafen habe, mache ich meinen Ausflug *(bewege ich mich fort)* nicht mit dem Wagen, sondern, weil es kürzer dauert *(ist)*, zu Pferd. (9) Wenn ich doch nicht von meinen Pflichten meistens gehindert würde, die Stadt zu verlassen und das Land aufzusuchen!

I.R.XX-3

(1) Manius Curius, jener sehr berühmte Feldherr der Römer, hat nach dem Sieg über König Pyrrhus die letzte Lebenszeit auf dem Lande verbracht. (2) Und wenn ich freilich dessen maßvollen Landsitz betrachte — er ist nämlich nicht weit von mir entfernt —, kann ich die Uneigennützigkeit (dieses) Menschen nicht genug loben. (3) Nachdem zu Curius, der zuhause saß, die Feinde der Römer gekommen waren, sind sie, obwohl sie (ihm) eine große Menge Goldes in Aussicht gestellt hatten, trotzdem nicht vorgelassen worden. (4) Nachdem diese abgezogen waren, sagte jener, nicht Gold zu haben scheine ihm rühmlich, sondern denen, die Gold haben, *(den Gold habenden)* zu gebieten. (5) Konnte *(mußte)* eine solche Gesinnung das äußerste Alter nicht angenehm machen? (6) Meiner Meinung nach wenigstens kann niemand glücklicher sein als Curius.

I.R.XX-4

(1) Arria, jene sehr berühmte Frau, antwortete nach dem Tod ihres Sohnes ihrem Mann, der auch selbst in den letzten Zügen lag *(von der äußersten Krankheit beendet wurde)*, immer wenn er (sie) fragte, wie es dem Knaben gehe *(was der Knabe tue)*: (2) „Er hat gut geruht und gerne das Essen zu sich genommen." (3) Wenn dann die Tränen siegten, entfloh sie aus dem Schlafzimmer; dann gab sie sich dem Schmerz (hin). (4) Hochberühmt mag freilich eine andere Tat der Arria sein: (5) Größer aber (ist es), ohne den Lohn des Ruhmes die Tränen zu verstecken und nach dem Verlust des Sohnes noch immer Mutter zu spielen. (6) Als ihr Schwiegersohn (sie) bat, sie möge nicht mit ihrem Mann in den Tod gehen *(eilen)*, und unter anderem gesagt hatte: „Willst du also, daß deine Tochter, wenn ich sterben muß, mit mir stirbt?", antwortete sie: (7) „Wenn sie so lange und in solcher Eintracht mit dir gelebt haben wird wie ich mit meinem Mann, (dann) will ich."

I.R.XX-5

(1) Sophokles schuf bis ins äußerste Alter Tragödien. (2) Da er sich aber dieser Tätigkeit so sehr hingab, daß er das Familieneigentum zu vernachlässigen schien, wurde er von (seinen) Söhnen vor Gericht gerufen, damit die Richter ihn wie *(gleichsam)* einen Irren von den bürgerlichen Geschäften fernhielten. (3) Nachdem der Dichter das *(diese Sache)* gehört

hatte, beschloß er, das Stück, das er kurz zuvor beendet hatte, vor Gericht zum Zwecke *(Gebrauch)* seiner Verteidigung bei sich zu haben. (4) Er bat nämlich, daß es ihm erlaubt sei, das Gedicht zu rezitieren. (5) Und nachdem er dieses vor Gericht gelesen hatte, fragte er, ob dieses Werk (das) eines Irren zu sein scheine. (6) Dann ist er einstimmig *(durch die Meinungen aller)* freigesprochen *(befreit)* worden.

I.R.XX-6

(1) Gaius Plinius grüßt seinen Freund. (2) Als ich gestern vor Gericht sprechen sollte *(wollte)*, belagerte eine zahlreiche Schar von Zuhörern, angelockt *(eingeladen)* vom Verlangen zuzuhören, die Zugänge des Forum. (3) Man konnte *(Es war möglich)* mehrere ziemlich angesehene Männer sehen, die darum baten, zugelassen zu werden. (4) Ich selbst habe einen gutangezogenen *(geschmückten)* jungen Mann mit zerrissener Toga, wie es in einer Menschenmenge (zu geschehen) pflegt, sieben Stunden hindurch — so lange nämlich habe ich gesprochen — unbeweglich stehen sehen. (5) Und ich werde von dem Verdacht *(der Mißgunst)* der Ehrsucht nicht daran gehindert zu sagen, daß ich eine gar prächtige Rede gehalten habe. (6) Warum also sollte ich mich über den Ruhm meines Namens nicht freuen, wenn ich nach Erschöpfung meiner Stimme die Frucht vieler Mühe ernte *(fange)*?

I.R.XX-7

(1) Arion, jener sehr berühmte Sänger, beschloß, nachdem er großen Reichtum durch die Kunst des Singens erworben hatte, nach Korinth zurückzukehren. (2) Die Seeleute aber, die *(nachdem sie)* von der Sache erfahren hatten, faßten, von der Hoffnung auf Beute veranlaßt, den Entschluß, Arion zu töten. (3) Nachdem also das Schiff abgesegelt war, umstellten mehrere den Sänger, voll Verlangen *(begierig)* nach dem Geld. (4) Dieser bat, von Furcht gelöst *(furchtlos)*, um dies eine, daß es ihm erlaubt sei, ein letztes Lied zu singen. (5) Nachdem er dieses gesungen hatte, sprang er ins Meer hinab. (6) Siehe, es erschien ein Delphin und führte Arion auf dem Rücken nach Korinth. (7) Dort wurde er sofort vor den König gelassen und erzählte die Sache, so wie sie gewesen war. (8) Nachdem also das Schiff, auf dem Arion gefahren war, gelandet war, zahlten die Seeleute die Strafe für ihr Verbrechen.

I.R.XX-8

(1) Als *(Da)* die Athener die Perser, die die Stadt angriffen, auf keine Weise aufhalten konnten, beschlossen sie, nach Verlassen der Stadt und In-Sicherheit-Bringen der Frauen und Kinder auf Schiffe zu steigen und die Freiheit Griechenlands mit der Flotte zu verteidigen. (2) Doch ein gewisser Kyrsilos, der *(nachdem er)* von dem Plan erfahren hatte, wurde so sehr von Angst vor den Persern erfaßt, daß er riet, in der Stadt zu bleiben und den sich nähernden König aufzunehmen. (3) Nachdem die Athener davon *(diese Sachen)* gehört hatten, bewarfen sie den Menschen mit Steinen: (4) Obwohl nämlich jener den Nutzen zu verfolgen *(anzuschauen)* schien, war dieser dennoch keiner, weil die Ehre dagegensprach. (5) Wenn also das, was nützlich scheint, mit dem, was ehrenhaft ist, verglichen wird, soll der Nutzen vernachlässigt werden und das Ehrenhafte gelten!

I.R.XX-9

(1) Ein (gewisser) Maler malte den Teufel mit Hörnern, so wie er (es) wußte, auf eine Mauer und ein Bild der seligen Maria an derselben Stelle so schön, daß es schöner nicht sein konnte. (2) Nach Beendigung dieser Dinge kam der Teufel zornentbrannt heran und sagte: (3) „Warum hast du mich so gräßlich und die selige Maria so schön dargestellt?" (4) Der Maler antwortete, daß es wahrhaftig so sei, wie das Gemälde es zeigte. (5) Nachdem der Teufel diese Worte gehört hatte, wollte er den Maler von dem Gerüst, wo er das Bild der seligen Maria gemalt hatte, (herunter)ziehen. (6) Aber, siehe, das Bild der frommen Mutter streckte ihm seine Hand aus und hielt den Maler, damit er nicht falle.

I.R.XX-10

(1) „Mitten im Sommer, als sich der Herbst noch nicht näherte, wollte ein (gewisser) Athener, um eine Reise zu machen, einen Esel mieten. (2) Es gingen also gemeinsam der Besitzer *(Herr)* des Esels und (der), der ihn gemietet hatte. (3) Da zu Mittag die Sonne brannte, wollten beide sich am Schatten des Esels erquicken. (4) Dann gab es einen Streit, wem von beiden dies zustehe *(erlaubt sei)*." (5) Diese Geschichte soll Demosthenes den Athenern, die seine Rede durch Geschrei störten *(behinderten)*, erzählt haben. (6) Und da alle diese (Geschichte) mit gespitzten Ohren anhörten, sagte der Redner erzürnt: „Als ich über den Staat sprach, wolltet ihr mich nicht anhören, (jetzt) wo ich über den Schatten eines Esels spreche, wollt ihr (mich) anhören!"

I.R.XXI-1

(1) Nachdem Gaius Canuleius, der Volkstribun, den Gesetzesantrag vorgelesen hatte, fügte er ungefähr folgendes hinzu: (2)„Bemerkt ihr denn nicht, wie verachtet ihr lebt? (3) Den Anteil an diesem (Sonnen)licht möchten euch die Adeligen, wenn sie könnten, wegnehmen. (4) Sie verbergen kaum ihre Überlegungen: (5) ‚Wenn doch diese nicht das Leben genössen, wenn sie doch nicht Menschengestalt *(Gestalten von Menschen)* hätten!' (6) Doch sie haben schon erprobt, wieviel gegen den Zusammenschluß des Volkes ihre Macht vermag *(vermochte)*. (7) Auch jetzt werden sie nicht fürchten müssen, daß ein Bürgerkrieg ausbricht. (8) Was aber hätten sie in so vielen äußeren Kriegen getan, wenn niemand die Waffen ergriffen hätte, niemand freiwillig gekämpft hätte für hochmütige Herren, mit denen im Staat eine Gemeinschaft der Ehren nicht besteht?"

I.R.XXI-2

(1) Ein gewisser Larcius hat von seinen Sklaven eine schrecklich zu erzählende *(sagende)* Sache erlitten: (2) Denn nachdem die Sklaven allzu oft *(öfter)* Schläge erduldet hatten, faßten sie heimlich den Entschluß, ihren Herrn zu töten. (3) Dieser badete (gerade) in seinem Landhaus und hob die Augen empor, als er sich (plötzlich) von den Sklaven umringt sah. (4) Nachdem die Sklaven ihren Herrn sehr heftig geschlagen und ihn schließlich für tot gehalten hatten, vertrauten sie sich aus Furcht, die Strafe für das Verbrechen zu zahlen, der Flucht an. (5) Dennoch ist an den gefangenen (Sklaven) noch zu Lebzeiten des Herrn die Todesstrafe vollzogen worden. (6) Diese erstaunliche *(wunderbar zu hörende)*

Geschichte *(Sache)* überliefert Plinius und er hat (damit) einen (gewissen) Freund aufgefordert, seine Sklaven menschlich zu behandeln.

I.R.XXI-3

(1) Nicht viel später tötete den Pedanius Secundus ein eigener Sklave, sei es, weil (ihm) die Freiheit verweigert worden war, sei es aus Liebe zu einem Lustknaben und weil er seinen Herrn als Rivalen nicht duldete. (2) Da nach alter Sitte erforderlich war, daß alle Sklaven zusammen zur Hinrichtung geführt werden, wurde der Senat vom Volk umlagert. (3) In diesem meinte die Mehrheit *(meinten mehr)*, daß nichts abgeändert werden dürfe. (4) Von diesen sprach Gaius Cassius in folgender Weise: (5) „Oft bin ich in dieser Versammlung *(diesem Stand)* dabeigewesen, als gegen Einrichtungen und Gesetze der Ahnen sich einige äußerten. (6) Was aber heute geschehen ist, ist nicht zu ertragen."

I.R.XXI-4

(1) Gegen die Meinung des Cassius wagte niemand allein *(als einziger)* zu sprechen, aber einige Stimmen erwiderten, es sei zu fürchten, daß (irgend) ein Bürgerkrieg ausbreche, wenn auch Unschuldige stürben. (2) Dennoch war die Partei *(der Teil)* stärker, die urteilte, die Todesstrafe müsse vollzogen werden. (3) Aber sie konnte nicht vollzogen werden, weil die Sache nach Gewalt aussah. (4) Dann forderte der Kaiser das Volk in einem Edikt auf, den Weg, auf dem die Verurteilten zur Strafe geführt wurden, freizugeben *(zu öffnen)*. (5) Obwohl das Volk dies für unwürdig hielt, wagte es dennoch nicht zu verbleiben. (6) So sind alle unglücklichen Sklaven — o Schmach *(schändlich zu sagen)* —, während die Ihren ihnen nachfolgten, zur Hinrichtung geführt worden.

I.R.XXI-5

(1) Gaius Plinius schreibt über einen (gewissen) Freigelassenen ungefähr folgendes: (2) „Ich habe einen Freigelassenen namens Zosimus. (3) Dessen Krankheit würde mich mit Schmerz erfüllen, auch wenn ich von Natur aus rauher wäre. (4) Ich gebrauche ihn nämlich als Komöden, in welcher Kunst er sehr viel vermag. (5) Sollte es mir aber nicht noch länger erlaubt sein, ihn zu genießen, würde ich mir wohl sehr unglücklich erscheinen. (6) Ich habe also beschlossen, ihn zur Pflege seiner Gesundheit auf die Güter eines (gewissen) Freundes zu schicken. (7) Ich hörte nämlich seinen Arzt sagen, daß auf dem Lande die Luft sehr gut ist. (8) Wenn er also eine Zeitlang dort verweilt sein wird, ... — wie sehr fürchte ich dennoch — Frevel es zu sagen! —, daß er stirbt."

I.R.XXI-6

(1) Gaius Plinius grüßt seinen Paternus. (2) (Auf) diese Sorgen, über die wir persönlich gesprochen haben, folgten Todesfälle meiner Freigelassenen, und zwar junger. (3) Ich glaube, daß Tröstungen diesem Schmerz nicht gewachsen sind. (4) Ich weiß sehr wohl *(Ich weiß nicht nicht)*, daß andere Unglücksfälle dieser Art geringschätzen und sich deswegen wie große Menschen und wie Weise vorkommen *(scheinen)*. (5) Ob diese groß und weise sind, weiß ich nicht — Menschen sind sie nicht. (6) Denn es ist menschlich, sich aufzu-

lehnen *(für unwürdig zu halten)*, von Schmerz erfüllt zu werden, Tröstungen zuzulassen, nicht aber keiner Tröstungen zu bedürfen. (7) Darüber werden wir persönlich mehr sprechen. (8) Es gibt nämlich auch eine (gewisse) Freude des Leidens, wenn man *(du)* wahre Freunde um sich haben *(gebrauchen)* kann *(kannst/könntest)*.

I.R.XXI-7

(1) Gaius Plinius an Kaiser Trajan. (2) Letztes Jahr, o Herr, bin ich infolge einer sehr schweren *(durch eine sehr schwere)* Krankheit bis in Lebensgefahr gekommen: (3) Da habe ich einen Arzt ausländischer Herkunft beigezogen *(gebraucht)*, dessen Bemühen ich nur durch die Wohltat *(mit Hilfe)* Deines Wohlwollens gebührenden *(gleichen)* Dank abstatten kann. (4) Daher fordere ich Dich auf, ihm das römische Bürgerrecht zu verleihen. (5) Ich würde fürchten, allzu offen mit Dir zu sprechen, wenn ich nicht wüßte, daß Du nicht einmal aufgefordert werden mußt, denen Menschlichkeit zu erweisen, die sich um einen Römer *(römischen Mann)* gut verdient gemacht haben. (6) Sein Name ist *(Der Name ist ihm)* Harpokras, die Herrin, die er hatte, ist schon längst gestorben.

I.R.XXI-8

(1) Unter den Konsuln Marcus Minicius und Aulus Sempronius ist eine große Menge Getreides aus Sizilien herbeigeschafft worden, und es wurde im Senat (darüber) verhandelt, wie teuer es dem Volk gegeben werden sollte. (2) Viele meinten, die Zeit sei gekommen, das Volk zu zügeln *(zu drücken)* und die Rechte wiederzuerlangen, die den Patriziern *(Vätern)* mit Gewalt genommen worden waren. (3) Besonders Marcus Coriolanus, ein Feind der Macht der Tribunen, sprach gegen das Volk: (4) „Wenn sie den alten Getreidepreis wollen, sollen sie den Patriziern das alte Recht zurückgeben. (5) Soll ich diese Ungerechtigkeit länger dulden? (6) Sie sollen das Getreide genießen, das sie von den Feldern geraubt haben!" (7) Es war nicht leicht zu sagen, ob das Volk fürchtete, daß unter der Bedingung der Senkung des Getreidepreises ihnen die Macht der Tribunen genommen werde.

I.R.XXI-9

(1) Dann wurden Valerius und Horatius ausgesandt, um das Volk zu bestimmten Bedingungen zurückzurufen. (2) Sie hatten gefürchtet, daß der Zorn des Volkes sie empfange, wurden (aber) von ungeheurer Freude des Volkes im Lager empfangen, als wären sie zweifelsohne seine Befreier *(gleichsam nicht zweifelhaft als Befreier)*. (3) Ihnen wurde bei ihrer Ankunft Dank ausgesprochen. (4) Icilius sprach für die Menge. (5) Als er über die Bedingungen sprach und die Legaten fragten, was die Forderungen des Volkes seien, forderte er dies, daß deutlich werde *(erscheine)*, daß mehr Hoffnung in der Gerechtigkeit als in den Waffen liege *(gelegt werde)*. (6) Darauf die Legaten: „Leben wir mit gleichem Recht in der Bürgerschaft, indem wir weder Unrecht tun noch erleiden!" (7) Die übrigen Rechte werdet ihr dann erreichen: Jetzt ist es genug, die Freiheit anzustreben *(daß die Freiheit angestrebt wird)*."

I.R.XXI-10

(1) Ich würde eine kaum nennenswerte *(klein zu sagende)* Sache desselben Jahres unerwähnt lassen, wenn sie nicht schiene die Religion zu betreffen. (2) Die Flötenspieler zogen, weil ihnen untersagt worden war, im Jupitertempel zu speisen, aus Rom ab, sodaß niemand in der Stadt war, der bei Opfern spielte *(hätte spielen können)*. (3) Diese Sache beschäftigte *(hielt)* den Senat, und sie schickten Legaten, um zu bitten, daß diese Leute nach Rom zurückkehrten. (4) Sie forderten sie also auf, ihnen nach Rom zu folgen. (5) Da sie aber nicht (dazu) bewegen konnten, benützten sie einen nicht eben dummen Plan: (6) Sie führten die zu einem Festmahl geladenen Flötenspieler mit Wein in Versuchung und brachten so die vom Wein bald bezwungenen nach Rom zurück. (7) Dann wurde ihnen das Recht, im Tempel zu speisen, zurückgegeben.

I.R.XXII-1

(1) Was soll ich über Marcus Marcellus sagen, der Syrakus, eine sehr geschmückte Stadt, erobert hat? (2) Dennoch werde ich zu Marcellus zurückkehren, damit dies von mir nicht ohne Grund erwähnt (worden) zu sein scheint. (3) Nachdem dieser die so berühmte Stadt mit Gewalt und seinen Truppen erobert hatte, glaubte er nicht, daß es zum römischen Volk passe, diese Schönheit, aus der (ja) keine Gefahr drohte *(gezeigt wurde)*, zu zerstören. (4) Daher verschonte er alle Gebäude so, als ob er gekommen wäre, um sie zu verteidigen, nicht um sie zu erobern. (5) Er glaubte, daß es zu einem Sieg gehöre, vieles nach Rom fortzuschaffen, zur Menschlichkeit, die Stadt nicht zu plündern. (6) Niemand soll es wagen, mit jenem Mann Verres zu vergleichen, von dem wir wissen, daß er Sizilien mit Gewalt und Unrecht geplündert hat!

I.R.XXII-2

(1) Es gibt niemanden, der nicht mit größter Bewunderung des Publius Cornelius Scipio Africanus gedenkt. (2) Denn dieser ahmte seinen Vater nach und war um nichts reicher, nachdem er Karthago erobert hatte. (3) Er wollte lieber Italien als sein Haus schmücken. (4) Kein Laster also ist schändlicher als die Habgier, besonders bei Fürsten. (5) Daher sollen die, die dem Staat vorstehen, diesen Orakelspruch nicht vergessen, der bekanntlich von Apollo verkündet *(herausgegeben)* worden ist: (6) Sparta werde durch nichts anderes als durch Habgier sterben. (7) Ob dies der Gott nur Sparta oder allen Völkern vorausgesagt hat, ist keine Frage *(ist nicht zu fragen)*. (8) Durch nichts also können Fürsten leichter das Wohlwollen der Menge gewinnen als durch Uneigennützigkeit.

I.R.XXII-3

(1) Nachdem dieser Prätor nach Haluntium, einer (gewissen) vornehmen Stadt Siziliens, gekommen war, wollte er nicht selbst in die Stadt gehen. (2) Also befahl er, daß der Haluntiner Archagathus zu ihm gerufen werde. (3) Ihm gab er den Auftrag, daß, was immer in Haluntium an Silber, Standbildern und Gemälden sei, dies alles sofort aus der Stadt ans Meer hinab gebracht werde. (4) Archagathus wagte zuerst nicht, die Seinen anzusprechen, schließlich (aber) erklärte er, was ihm befohlen worden sei *(war)*. (5) Es gab

aber niemanden, der den Befehl des Tyrannen nicht hinnahm *(duldete)*. (6) Sie wußten nämlich nicht, ob er selbst alles zusammensuchen würde oder nicht. (7) So wurden gegen den Willen der Leute die Standbilder und Gemälde fortgebracht, die niemand ohne größten Schmerz verloren hat *(verliert)*.

I.R.XXII-4

(1) Seht diese weise Voraussicht *(Sorgfalt)* der Ahnen: (2) Niemand, der mit Befehlsgewalt in eine Provinz aufgebrochen war, werde so dumm sein, meinten sie, daß er Silber kaufe — es wurde (ihm ja) vom Staat gegeben. (3) Was war der Grund, daß *(warum)* sie uns so sorgfältig vom Kaufen in den Provinzen fernhielten? (4) Der (Grund), daß sie glaubten, es sei Unrecht, wenn der Verkäufer gegen seinen Willen zu verkaufen gezwungen würde. (5) Denn es gibt niemanden, der das, wovon er sieht *(gesehen haben wird)*, daß es dem Prätor oder einem anderen Beamten gefällt, nicht wenn auch noch so unwillig verkaufen würde. (6) Lassen wir es also nicht zu, daß Händler in die Provinzen geschickt werden, die Standbilder, Gemälde, alles Silber und Gold zusammensuchen und niemandem etwas *(nichts irgendjemandem)* übriglassen!

I.R.XXII-5

(1) Ein gewisser Gavius wagte es, nachdem er nach Messina gekommen war, in Messina (darüber) zu reden, daß er als römischer Bürger von Verres ein Unrecht erlitten habe. (2) Der Arme begriff nicht, daß es einerlei war, ob er dies in Messina oder bei dem Prätor selbst sprach. (3) Denn, wie ich euch zuvor erklärt habe, hatte sich dieser diese Stadt ausgewählt, um sie als Helferin seiner Verbrechen zu haben. (4) Nachdem er daher zur Behörde Messinas mit mehreren Begleitern *(während mehrere ihn begleiteten)* aufgebrochen war, sprach ihn jemand *(ein gewisser)* an: (5) „Weißt du nicht, daß es niemanden gibt, der nicht von Verres bespitzelt *(gehört)* wird? (6) Er hat nämlich überall (seine) Ohren. (7) Wer diesen Prätor anklagt *(angeklagt haben wird)*, soll nicht (darauf) vertrauen, daß die römische Gerechtigkeit ihm zu Hilfe kommen wird!"

I.R.XXII-6

(1) An gerade diesem Tag kam Verres zufällig nach Messina. (2) Es wird ihm gesagt, ein römischer Bürger habe in Gegenwart vieler gesagt, er habe ein Unrecht vom Prätor erlitten. (3) Verres dankt den Beamten und lobt ihr Wohlwollen ihm gegenüber und ihre Wachsamkeit *(Sorgfalt)*. (4) Alle waren gespannt *(erwarteten)*, ob er den Menschen, der ihn angeklagt hatte, anhören würde oder nicht, als er plötzlich befahl, den Menschen vorzuführen und sehr heftig zu prügeln. (5) Jener Arme schrie, er sei ein römischer Bürger. (6) Dennoch befiehlt dieser den Menschen von allen Seiten zu prügeln. (7) Obwohl es niemanden gab, der nicht fühlte, daß alles Recht verletzt wurde, wagte es dennoch niemand, den Prätor mit irgendeinem Wort anzureden.

I.R.XXII-7

(1) Die einst blühenden Bewohner von Kroton wollten den Tempel der Juno, den sie besonders verehrten, mit hervorragenden Gemälden schmücken. (2) Daher ließen *(befahlen)* sie Zeuxis, von dem sie glaubten, daß er damals die anderen Künstler bei weitem übertreffe, kommen. (3) Und dieser sagte, er wolle ein Bild der Helena schaffen. (4) Dies hörten die Bewohner von Kroton gern, da sie oft vernommen hatten, daß er im Malen *(Bilden)* von Frauen die anderen übertreffe. (5) Sie glaubten nämlich, er werde ihnen ein herausragendes Werk in jenem Tempel hinterlassen. (6) Dann suchten die Bewohner von Kroton die schönsten Jungfrauen zusammen und gaben dem Maler die Erlaubnis *(Macht)* auszuwählen, welche er wollte. (7) Weil aber jener glaubte, es gebe nichts, was nicht einen gewissen Fehler habe, wählte er fünf aus. (8) Und er vollendete ein hervorragendes Kunstwerk von außergewöhnlicher Schönheit.

I.R.XXIII-1

(1) Plötzlich werde ich fortgetragen vor ein Gericht, wo soviel Licht war, daß ich nicht wagte, die Augen zu heben. (2) Nach meiner Stellung gefragt, antwortete ich, ich sei ein Christ. (3) „Du lügst", sagte er, „du bist ein Ciceronianer, kein Christ." (4) Dann hatte er befohlen, mich zu schlagen. (5) Unter den Schlägen schrie ich schließlich: „Erbarme dich meiner, Herr!" (6) Es geschah aber, daß einige, die anwesend waren, baten, daß er den Jüngling schone. (7) Er fragte mich, ob ich einmal heidnische Bücher gelesen hätte. (8) Ich verneinte. (9) Wer möchte glauben, daß ich nach dem Schlaf noch die Schläge gespürt habe? (10) Es geschah aber, daß ich von diesem Tag an die göttlichen (Schriften) mit so großem Eifer las, wie *(mit wie großem)* ich die sterblichen (Schriften) zuvor nicht gelesen hatte.

I.R.XXIII-2

(1) Während derselben Zeit begab sich Maximus aus Noricum, vom Glauben beflügelt *(angezündet)*, mitten im Winter, wenn *(in dem)* die Wege jenes Gebietes von Schneemassen versperrt sind *(werden)*, zum heiligen Severin. (2) Es begleiteten ihn einige, die Kleider zum Nutzen der Armen *(den Armen nützen sollende Kleider)* bringen sollten. (3) Nachdem sie also aufgebrochen waren, gelangten sie zu den Alpen, wo die ganze Nacht hindurch soviel Schnee gefallen *(zusammengeflossen)* war, daß er sie beinahe einschloß. (4) Es geschah aber, daß einer der Begleiter die Erscheinung *(das Bild)* Gottes dastehen und ihm sagen sah: „Fürchtet euch nicht!" (5) Siehe, da geschah es, daß plötzlich ein Bär von riesiger Gestalt die Schritte *(Füße)* zu ihnen lenkte *(trug)*, um (ihnen) den Weg zu zeigen.

I.R.XXIII-3

(1) Der Bär also verließ die Männer nicht, die den Armen Trost *(Tröstungen)* brachten, sondern geleitete sie bis ins Tal und zeigte durch den so großen Dienst, was Menschen Menschen gewährleisten sollen. (2) Als aber Severin berichtet wurde, Maximus und dessen Begleiter seien gekommen, die mitten im Winter ihre Schritte *(Füße)* durch die Alpen gelenkt *(getragen)* hätten, fragte er nichts (weiter), sagte Gott Dank und sprach: (3) „Der Name des Herrn sei gelobt! (4) Hier kommen die an, denen ein Bär den Weg zeigte *(öffnete)*, auf dem sie kämen *(kommen sollten)*. (5) Nachdem jene diese Worte gehört hatten, fragten sie, von größter Bewunderung erfüllt, den Mann Gottes, wie *(auf welche Weise)* er das sagen *(berichten)* könne, was in seiner Abwesenheit geschehen war.

I.R.XXIII-4

(1) Sobald ich sprechen konnte, fragte ich den Vater: (2) „Da ja dies das Leben ist, was verweile ich auf Erden? (3) Warum beeile ich mich nicht, zu euch zu kommen?" (4) „So ist es nicht", sagte jener. (5) „Wenn nämlich nicht Gott dich von diesen Fesseln des Körpers befreit (haben wird), kann dir der Zugang nicht offenstehen. (6) Denn die Menschen sind mit diesem Gesetz geschaffen worden, daß sie die Erde schützen (sollen). (7) Daher mußt sowohl du als auch alle Frommen die Seele in den Fesseln des Körpers halten und man darf nicht gegen *(ohne)* den Befehl dessen, von dem jene (Seele) euch gegeben (worden) ist, aus dem Leben der Menschen gehen, damit ihr nicht die von Gott zugewiesene menschliche Pflicht zu fliehen scheint."

I.R.XXIII-5

(1) Da der Weg eines jeden guten und glücklichen Lebens *(Jeder Weg eines guten ...)* in der wahren Religion gelegen ist, in der **ein** Gott verehrt wird, wird der Irrtum derer offenkundig, die lieber viele Götter verehren als den einen wahren Gott und Herrn aller (verehren) wollten. (2) Denn was haben die Götter der Griechen getan (, was) göttlicher Ehren würdig (wäre)? (3) Wie vieler und wie schwerer Verbrechen werden sie beschuldigt! (4) Es heißt, daß Jupiter, nachdem er die väterliche Herrschaft mit Gewalt und Waffen ergriffen hatte, im Krieg von den Titanen angegriffen worden ist; (5) nachdem er diese besiegt und Frieden geschaffen hatte, soll er sein übriges Leben mit schändlichen Dingen verbracht haben. (6) Wer dies tut — er sei der Größte —, ist der Beste nicht.

I.R.XXIII-6

(1) Nachdem der Tyrann Dionysius in den Tempel des Jupiter gekommen war, soll er befohlen haben, daß ihm der vergoldete Umhang weggenommen werde. (2) So verlachte er seinen Gott, daß er meinte, er könne weder die Last noch Kälte ertragen. (3) Er soll nämlich gesagt haben, daß das Gold im Winter kalt, im Sommer schwer sei. (4) Er nahm auch den Bart des Äskulap weg, indem er sagte, es sei dem Sohn nicht erlaubt, einen Bart zu haben, wenn *(da)* dessen Vater Apollo keinen habe. (5) So sind die Götter verspottet *(zum Gespött gebraucht)* worden, daß weder Jupiter sein Gewand verteidigen konnte noch Äskulap seinen Bart. (6) Wenn du vielleicht *(zufällig)* fragen solltest, was dem Menschen für seine Verbrechen zugestoßen ist: er soll in seinem Bett gestorben sein.

I.R.XXIII-7

(1) Es war (einmal) ein (gewisser) junger Mann, der auf Anstiftung des Teufels viele Verbrechen begangen hatte und ihm lange gedient hatte. (2) Der Teufel also fürchtete, daß er ihn verliere, und erschien ihm in der Gestalt eines (gewissen) Gefährten und sagte: (3) „Gehen wir zum Ufer des Flusses!" und er wollte ihn töten. (4) Auf dem Wege aber war eine (gewisse) Kapelle, die er betrat, während der Teufel draußen wartete. (5) Der junge Mann also bekannte (seine Sünden) und entkam so den schlechten Werken des Teufels. (6) Der Teufel aber befragte die einzelnen Herauskommenden über den Gefährten. (7) Es geschah aber, daß er ihn selbst, als er herauskam, nicht erkannte. (8) Dann (sagte) jener: „Ich bin es, Gott hat mich von deiner Gesellschaft befreit. (9) Hebe dich hinweg von hier!"

I.R.XXIV-1

(1) Nachdem Vercingetorix zu den Seinen zurückgekehrt war, wurde er des Verrates angeklagt, weil er das Lager zu nahe *(näher)* an die Römer gelegt habe, weil er mit der ganzen Reiterei abgezogen sei, weil er so große Truppen ohne Befehl gelassen habe, weil durch seinen Abzug die Römer in einem so günstigen Augenblick und in so großer Schnelligkeit gekommen seien. (2) Dies alles habe nicht zufällig oder ohne Plan geschehen können. (3) Auf solche Weise angeklagt, antwortete er darauf: (4) Daß er das Lager verlegt habe, sei aufgrund des Futtermangels geschehen, auch auf Aufforderung ihrer selbst; (5) die Kampfeskraft der Reiter aber sei auch dort nützlich gewesen; (6) er begehre keine Macht von Cäsar durch Verrat, die er durch Sieg haben könne, der schon ihm und allen Galliern sicher sei.

I.R.XXIV-2

(1) Nachdem Vercingetorix die Versammlung einberufen hatte, forderte er die Seinen auf, sie mögen den Mut nicht sinken lassen. (2) Nicht durch Tapferkeit noch in der Schlacht hätten die Römer gesiegt, sondern durch ein (gewisses) Kunststück und die Kunst der Belagerung, in welcher Sache sie selbst unerfahren gewesen seien; (3) diejenigen würden irren, die im Krieg immer Glück erwarten würden. (4) Ihm habe es nie gefallen, die Stadt Avaricum zu verteidigen, wofür er sie selbst als Zeugen habe; (5) aber es sei durch die Unvorsicht der Bituriger geschehen, daß diese Niederlage erlitten worden sei. (6) Diese werde er dennoch schnell durch größere Erfolge wiedergutmachen. (7) Inzwischen sei es nötig, um des gemeinsamen Wohles willen das Lager zu befestigen, damit sie umso leichter plötzliche Angriffe der Feinde aufhalten könnten.

I.R.XXIV-3

(1) Als Gesandte kamen zu Cäsar die Fürsten der Aeduer, um zu bitten, daß er in einem höchst entscheidenden Zeitpunkt der Bürgerschaft zu Hilfe komme: (2) die Sache sei in höchster Gefahr, weil, während einzelne Beamte von alters her üblicherweise gewählt worden seien und eine einjährige Königsherrschaft ausübten, (nun) zwei das Amt ausübten und jeder von beiden sage, er sei nach den Gesetzen gewählt. (3) Deren einer sei Convictolitavis, ein blühender und angesehener junger Mann, der andere Cotus, aus einer uralten Familie hervorgegangen, dessen Bruder Valetiacus letztes Jahr dasselbe Amt innegehabt habe. (4) Die ganze Bürgerschaft stehe in Waffen. (5) Der Senat sei gespalten, das Volk sei gespalten. (6) Wenn der Streit länger genährt werde, werde ein Teil der Bürgerschaft mit dem anderen zusammenstoßen. (7) Daß dies nicht geschehe, liege in seiner Umsicht und seinem Ansehen.

I.R.XXIV-4

(1) Während dies bei Gergovia geschah, wurde Convictolitavis, ein Aeduer, von den Arvernern mit Geld bestochen und unterhielt sich mit einigen jungen Leuten; deren erster war Litaviccus und seine Brüder, junge Männer aus vornehmster Familie (geboren). (2) Mit diesen teilte er den Lohn und forderte sie auf, daß sie daran denken sollten, daß sie frei und zum Herrschen geboren sind. (3) Es gebe eine Bürgerschaft der Aeduer, die den so gewissen Sieg Galliens verzögere; durch deren Einfluß würden die übrigen zurückgehalten; wenn diese auf ihre Seite gebracht würde, würde es für die Römer keine Chance geben, in Gallien Fuß zu fassen. (4) Man beschloß, daß Litaviccus jenen zehntausend, die Cäsar in den Krieg geschickt werden sollten, vorangestellt werde. (5) Sie beschlossen, auf welche Weise das übrige getan werden sollte.

I.R.XXIV-5

(1) Nachdem Cäsar die Heeresversammlung einberufen hatte, tadelte er die Verwegenheit und Gier der Soldaten, weil sie selbst für sich beurteilt hätten, wohin vorzurücken und was zu tun scheine, nicht nach gegebenem Zeichen zum Rückzug stehengeblieben seien, noch von den Militärtribunen und Unteroffizieren hätten zurückgehalten werden können. (2) Er legte dar, was die Ungunst des Geländes vermöge, was er selbst bei Avaricum bemerkt habe, als er, nachdem er die Feinde ohne Führer und ohne Reiterei erwischt habe, einen (schon) ausgemachten Sieg verspielt habe; (3) wie sehr er ihre Charaktergröße bewundere, da sie nicht die Befestigungen des Lagers, nicht die Höhe des Berges, nicht die Stadtmauer habe aufhalten können, so sehr tadle er ihre Disziplinlosigkeit und Anmaßung, daß sie meinten, sie würden mehr als der Feldherr von Sieg und Ausgang der Dinge verstehen.

I.R.XXIV-6

(1) Nachdem Cäsar in das jenseitige Gallien gelangt war, erfuhr er, daß Domitius, ein Legat des Pompeius, sich mit sieben Schiffen aufgemacht habe, um Marseille zu besetzen. (2) Die Bewohner von Marseille hatten Cäsar die Stadttore geschlossen. (3) Und jener ermahnte diese, nachdem er sie zu sich gerufen hatte, es möge nicht der Anfang *(Anlaß)*,

den Krieg zu beginnen, von den Bewohnern von Marseille ausgehen. (4) Er erwähnte das übrige, was (dazu) dienen sollte, ihre Gehirne *(Geister)* zu heilen. (5) Dann antworteten diese Cäsar folgendes: (6) „Wir begreifen, daß das römische Volk in zwei Parteien *(Teile)* geteilt ist, und es liegt nicht in unserer Macht *(es ist nicht unserer Kräfte)* zu entscheiden, welche Partei den gerechteren Grund hat *(im Recht ist)*." (7) Während dies unter ihnen verhandelt wurde, gelangte Domitius mit den Schiffen nach Marseille und wurde von ihnen aufgenommen und mit dem Kommando über die Stadt betraut; (8) die Befugnis *(Gewalt)*, den Krieg zu verwalten, wird ihm überlassen. (9) Von diesen Ungerechtigkeiten veranlaßt, führte Cäsar, ohne zu zögern, drei Legionen nach Marseille heran.

I.R.XXIV-7

(1) Nachdem Cäsar alles liegen und stehen gelassen hatte *(alle Dinge zurückgelassen hatte)* meinte er, Pompeius verfolgen zu müssen, damit er nicht wieder andere Streitkräfte aufbieten und den Krieg erneuern könne. (2) Es war eine Verordnung unter dem Namen des Pompeius vorgelegt, daß alle jüngeren Leute dieser Provinz, Griechen und römische Bürger, um den Treueeid zu schwören, zusammenkämen *(zusammenkommen sollten)*. (3) Aber ob Pompeius diese (Verordnung), um den Verdacht abzuwenden, vorgelegt hatte, um möglichst lang den Plan einer weiteren Flucht zu verstecken, oder (ob er) mit neuen Aushebungen, wenn niemand (ihn) bedrängen würde *(sollte)*, Mazedonien zu besetzen *(halten)* versuchte, konnte nicht entschieden *(beurteilt)* werden. (4) Er selbst lag eine Nacht vor Anker und, nachdem er (von) Cäsars Ankunft erfahren hatte, entfernte er sich von diesem Ort und gelangte nach Zypern. (5) Dort erfährt *(erfuhr)* er, daß durch eine Verschwörung aller römischen Bürger die Burg besetzt *(erobert)* worden sei, um ihn auszusperren. (6) Und schon wurde die Kunde von Cäsars Ankunft (zu) den Bürgerschaften überbracht.

I.R.XXIV-8

(1) Nachdem Pompeius (von) Cäsars Ankunft erfahren hatte und den Plan, Syrien aufzusuchen, abgelegt *(aufgegeben)* hatte und zweitausend Mann *(der Menschen)* auf Schiffe gesetzt hatte, gelangte er nach Pelusium. (2) Es geschah, daß dort zufällig der König Ptolomäus war, ein Knabe dem Alter nach, der mit großen Streitkräften *(mit großem Aufwand)* mit seiner Schwester Kleopatra Krieg führte, die er wenige Monate vorher durch seine Freunde aus dem Reich *(von der Herrschaft)* vertrieben hatte. (3) Zu diesem schickte Pompeius Gesandte, damit er in der alexandrinischen Stadt *(in der Stadt Alexandria)* in Gastfreundschaft aufgenommen werde. (4) Aber die von diesem geschickt worden waren, begannen mit den Soldaten des Königs offener *(freier)* zu reden und sie aufzufordern, daß sie ihren Dienst dem Pompeius leisteten. (5) Nachdem dann die Freunde des Königs diese Dinge erfahren hatten, wurden sie von der Befürchtung ergriffen *(veranlaßt)*, daß Pompeius Ägypten besetze, und, nachdem sie heimlich den Entschluß gefaßt hatten, schickten sie zwei Soldaten, um Pompeius zu töten.

I.R.XXIV-9

(1) Den rhodischen Schiffen stand Euphranor vor, der aufgrund seiner Tüchtigkeit eher mit den Römern als mit den Griechen zu vergleichen (war). (2) Dieser sagte Cäsar: „Du scheinst mir, o Cäsar, zu befürchten, daß du zu kämpfen gezwungen wirst, bevor du die Flotte entwickeln kannst *(wirst haben entwickeln können)*. (3) Doch wir werden nicht fehlen *(An uns soll es nicht scheitern)*: wir werden die Schlacht aufhalten, bis die übrigen zu Hilfe kommen. (4) Daß die Feinde freilich (noch) länger in unserem Blickfeld *(Anblick)* prahlen, ist für uns eine große Schmach *(gereicht uns zu großer Schmach)*." (5) Dann feuerte Cäsar alle an und gab das Zeichen des Kampfes. (6) Doch es gab keine Möglichkeit, erfolgreich zu bestehen *(die Sache gut zu machen)*: (7) Es geschah, daß die Alexandriner die weiter hinausgefahrenen *(vorgerückten)* rhodischen Schiffe umzingelten und einen Angriff auf sie machten. (8) Erbeutet *(Gefangen)* wurden *(werden)* in dieser Schlacht zwei Kriegsschiffe, und drei gehen *(werden/wurden)* verloren, die übrigen (Schiffe), die keine Gelegenheit zum Kampf gehabt hatten, ergreifen *(ergriffen)* die Flucht zur Stadt.

I.R.XXIV-10

(1) Während Cäsar die Soldaten zum Kampf anfeuerte, warf sich eine große Anzahl von ihnen aus den Kriegsschiffen auf den Damm. (2) Ein Teil von ihnen wurde von Schaulust *(Eifer des Schauens)* getragen, ein Teil auch von Kampfeslust *(Verlangen zu kämpfen)*. (3) Aber, von wenigen Alexandrinern, die gewagt hatten, von den Schiffen zu steigen *(hinauszugehen)*, geschlagen, begannen sie, auf die Schiffe zurückzufliehen. (4) Von deren Flucht angetrieben, stiegen mehr Alexandriner von den Schiffen und verfolgten die Unsrigen, die (ganz) verwirrt waren, (noch) schärfer. (5) Von all diesen Dingen verwirrt, fürchteten unsere Soldaten, daß sie von hinten umzingelt und von der Rückkehr abgeschnitten würden, und sie verließen die Befestigung und eilten zu den Schiffen. (6) Cäsar befand sich, während er die Seinigen durch Anfeuern bei der Befestigung zusammenhielt, in derselben Gefahr; (7) nachdem er bemerkt hatte, daß alle zusammen wichen, zog er sich auf sein Boot zurück. (8) Dann schwamm er, auf seine Kräfte vertrauend *(gestützt)*, zu denjenigen Schiffen heran, die weiter weg standen *(lagen)*.

I.R.XXV-1

(1) Deianira, Herkules' Frau, fürchtete, nachdem ein gefangenes Mädchen *(ein Mädchen als Gefangene)* von außerordentlicher Schönheit herangeführt worden war, eine (gewisse) große Gefahr für sich. (2) Daher schickte sie ihrem Mann durch einen (gewissen) Sklaven ein mit dem Blut des Zentauren getränktes Gewand. (3) Denn sie erinnerte sich, daß der Zentaur Nessus gesagt hatte: (4) „Wenn du um die Treue des Mannes bangst *(fürchten wirst)*, (dann) laß sein Gewand mit meinem Blut tränken!" (5) Aber Herkules begann nach dem Wechseln des Gewandes sofort zu brennen. (6) Und wenn er versuchte, dieses herunterzuziehen *(auszuziehen)*, folgten die Eingeweide *(kam das Fleisch mit)*. (7) Ja sogar nachdem *(sobald)* er sich in den Fluß geworfen hatte, ging ein größeres Feuer heraus *(loderte ... auf)*. (8) Dann soll Herkules den von seinem Freund Philoktetes errichteten Scheiterhaufen bestiegen haben und dort gestorben sein. (9) Danach *(Nachdem diese Dinge vollbracht worden waren,)* hat sich Deianira bekanntlich selbst umgebracht.

I.R.XXV-2

(1) Kaum daß *(Sobald)* Perseus Andromeda, die mit Ketten gefesselt an einem Fels hing, entdeckt hatte, fragte er sie nach dem Grund für diese so furchtbare Strafe. (2) Und sie erzählte, ihre Mutter habe gewagt zu sagen, sie übertreffe die Nereiden selbst an Schönheit; (3) für ihre Mutter trage sie die Strafe Neptuns (, sagte sie). (4) Nachdem der Mann dies gehört hatte, schritt er zu dem Mädchen vor, als plötzlich in der Ferne ein riesiges Ungeheuer erschien. (5) Da erhob sich Perseus mit der Hilfe des Gottes Merkur wie ein Vogel und zeigte dem nahenden *(drohenden)* Ungeheuer das Haupt der Medusa. (6) Danach *(Nachdem dies geschehen war,)* wurde das Ungeheuer sofort in einen Fels *(in einen Stein)* verwandelt. (7) Andromeda aber hat, nachdem endlich die Ketten gefallen *(abgenommen worden)* waren, bekanntlich Perseus geheiratet.

I.R.XXV-3

(1) Odysseus wurde von einem Sturm auf eine (gewisse) Insel verschlagen. (2) Dort verwandelte Circe, Sols Tochter, durch einen verabreichten *(gegebenen)* Trank Menschen in Schweine. (3) Zu dieser schickte Odysseus den Eurylochus mit einigen Gefährten: (4) und jene verwandelte diese von Menschengestalt in Schweinegestalt. (5) Eurylochus aber, der sich gescheut hatte, selbst einzutreten, entfloh und berichtete Odysseus von der *(die)* Tat. (6) Da nun dieser das ihm vom Gott Merkur gegebene Heilmittel *(Gegenmittel)* bei sich hatte, scheute er sich nicht, den ihm von Circe angebotenen Trank anzunehmen. (7) Dann sagte er, nachdem er das Schwert gezogen hatte: „Gib mir meine Gefährten zurück!" (8) Circe begriff schließlich, daß dies nicht gegen den Willen der Götter geschehen war, und verwandelte die Gefährten in die frühere Gestalt zurück.

I.R.XXV-4

(1) Hecuba, die Frau des Priamos, des Königs von Troja, sah, als sie schon mehrere Kinder hatte, in der Schwangerschaft *(schwanger)* im Traum, daß sie eine brennende Fakkel gebar. (2) Als sie dies ihrem Mann erzählt hatte, wurde ihr befohlen, den Säugling zu töten, damit er der Heimat kein Verderben bringe *(nicht zum Verderben gereiche)*. (3) Nachdem sie geboren hatte, gehorcht(e) sie dem Mann und gibt *(gab)* das Kind den Sklaven zum Töten. (4) Doch diese setzten den der Mutter weggenommenen Knaben im Wald aus, damit er nicht durch ihre eigenen Hände umkomme. (5) Aber Hirten, die dort zufällig Holz *(Hölzer)* sammelten, fanden das Kind und trugen es, damit es nicht sterbe, mit sich nach Hause *(trugen das gefundene Kind ...)*. (6) Und während in Troja die Eltern jenes Kind schon vergessen hatten, war dieser ein Jüngling geworden und kehrte, sei es durch Zufall, sei es durch den Rat(schluß) der Götter, in die Heimat zurück.

I.R.XXV-5

(1) Als Gesandte, die zu den Hirten von König Priamos geschickt worden waren, gekommen waren, damit jemand von ihnen einen Stier herbeibringe, wagten sie es, dem Paris den Stier, den er liebte, wegzunehmen, und begannen (ihn) fortzuführen. (2) Von dieser Sache verwirrt, verfolgte sie der Jüngling, damit sie ihm den Stier zurückgäben. (3) Als er sie endlich erreicht hatte, sagten ihm die Gesandten *(Dem sie endlich erreicht habenden ...)*: „Der König hat uns befohlen, diesen herzuführen: wir müssen gehorchen." (4) Jener, von der Liebe zu seinem Stier entflammt, begleitete sie nach Troja, ohne zu wissen *(nicht wissend)*, daß er zu den Seinigen ging. (5) Als dort Deiphobus, sein Bruder, das Schwert gezogen hatte, um ihn zu töten, öffnete Kassandra, (deren) Schwester, den Mund und sagte, er sei (ihr) Bruder. (6) So fand Paris, der nach Troja aufgebrochen war, damit sein Stier nicht umkomme, in Troja die Eltern, die ihn vergessen hatten.

I.R.XXV-6

(1) Nachdem Hippolyt, Theseus' Sohn, durch Trug der Stiefmutter umgekommen war, soll er zu den Lichtern des Lebens zurückgekommen sein, wiederbelebt von einem unbekannten Heilmittel und von der Liebe der Diana. (2) Davon *(Von dieser Sache)* veranlaßt, warf Jupiter, weil er fürchtete, daß mehr (Menschen) vom Schattenreich zu den Oberen zurückkommen (könnten), den Äskulap, Apollos Sohn, zu den Wellen des Styx hinab. (3) Doch Diana fürchtete *(fürchtend)*, daß ihr der geliebte junge Mann entrissen werde, (und) verbarg ihn in einem Wald, damit er dort unbekannt und mit verändertem Namen lebe. (4) Dieser beschäftigte sich seinem alten Brauch nach mit Pferden, obwohl er selbst durch scheuende *(verwirrte)* Pferde umgekommen war. (5) An keinem Tag aber ging er nicht an den Tempel der ihm freundlichen Gottheit heran, um zu der Göttin zu beten.

I.R.XXV-7

(1) Die Bürger der Stadt Lauriacum *(Lorch)* waren (zwar) einst von den häufigen Mahnungen des heiligen Severin erweicht worden, hatten aber dennoch unterlassen, den Armen Getreide zu geben *(bieten)*. (2) Sobald sich aber ein schadenbringender Mangel des reifenden Getreides gezeigt hatte, kamen sie bald mit jenem zusammen und bekannten, sie selbst hätten dies verdient. (3) Und als diese, auf dem Boden liegend, gezeigt hatten, daß sie ihren Geiz bereuten, sprach sie der Streiter *(Soldat)* Christi mit etwa folgenden Worten an: (4) Er sagte: „Wenn ihr den Armen Nahrung gegeben *(geboten)* hättet, würdet ihr nicht nur die ewige Freude genießen, sondern ihr könntet auch die gegenwärtigen Güter *(Dinge)* gebrauchen. (5) Aber weil ihr mit zerknirschten Herzen genaht seid, ist kein Zweifel, daß ihr die Gnade des Herrn finden werdet." (6) Nachdem er sie mit diesen Worten bereiter, den Armen Nahrung zu geben *(bieten)*, gemacht hatte, rettete ein großer Regen das beinahe schon verdorbene Getreide.

I.R.XXV-8

(1) Über einen schlechten Schriftsteller, der sich (selbst) lobt. (2) Dem alten Äsop hatte ein gewisser schlechte Schriften vorgelesen, in denen er schändliches Selbstlob ausge-

sprochen *(verrichtet)* hatte. (3) Da er also wissen wollte, was der Alte über diese dachte, fragte er, ob er ihm zu stolz *(stolzer)* erschienen sei; (4) ihm scheine das Lob seiner (eigenen) Begabung nicht schamlos, weil sie tatsächlich des Lobes würdig sei. (5) Dann soll jener, nicht nur von dem Vorgelesenen, sondern auch von des Vorlesenden Verwegenheit beeindruckt, geantwortet haben, er empöre sich keineswegs, daß er selbst sich selbst so gierig gelobt habe; (6) denn jenes *(das Lob)* werde ihm von einem anderen niemals zuteil werden *(geschehen)*. (7) „haud impudens mihi mei ingenii laus videtur, quia revera est laude dignum. (6) illud *(hoc)* enim ab alio tibi numquam eveniet."

I.R.XXV-9

(1) Merkur soll einst von zwei Frauen in schäbiger Gastfreundschaft schändlich bewirtet *(empfangen)* worden sein; (2) deren eine habe in der Wiege einen kleinen Sohn gehabt, die andere sei eine Dirne gewesen. (3) Um also jenen ihren Diensten entsprechenden *(gleichen)* Dank zu erweisen, habe er im Weggehen *(weggehen wollend)* und schon die Schwelle überschreitend, gesagt, er sei ein Gott und werde ihnen geben, was auch immer sie sich wünschten. (4) Die Mutter habe gebeten, den Sohn möglichst bald bärtig zu sehen, die Dirne, es solle ihr alles folgen, was sie berühre. (5) Nach Merkurs Aufbruch sei der Säugling in der Wiege von der Mutter bärtig vorgefunden worden. (6) Als die andere darüber allzu sehr gelacht habe, seien ihr die Nasenlöcher, wie es zu geschehen pflegt, so sehr mit Rotz angefüllt worden, daß sie sich habe schneuzen wollen *(wollte)*. (7) Die also mit der Hand ergriffene Nase sei bis zur Erde (lang)gezogen worden.

I.R.XXV-10

(1) Äsop über die Hunde, die Gesandte zu Jupiter schicken: (2) Einst hätten die Hunde Gesandte zu Jupiter geschickt, um ein besseres Leben zu erbitten. (3) Als sie aber das Antlitz des großen Jupiter gesehen hätten, hätten sie vor Angst *(fürchtend)* den ganzen Palast des Olymp vollgekackt. (4) Und sie seien von Jupiter tüchtig geschlagen und nicht freigelassen worden. (5) Nach einiger *(irgendeiner)* Zeit hätten die Hunde, nachdem sie von der Sache erfahren hätten, abermals Gesandte ausgeschickt, doch da sie fürchteten *(fürchtend)*, daß etwas Ähnliches wiederum geschehe, hätten sie einen gewissen Körperteil der Gesandten mit Duftöl angefüllt. (6) Auch diese hätten, nachdem sie in den Gesichtskreis *(Anblick)* Jupiters getreten seien, ihre Natur nicht beherrschen *(bändigen)* können und seien sofort für ihre Inkontinenz bestraft worden. (7) So würden auch heute noch die Gesandten von den Hunden (zurück)erwartet, und deswegen würden Hunde, wenn sie irgendeinen neuen kommen sähen, sofort zu schnüffeln pflegen.

ISBN 3-213-00033-7

Michael Walch

100
PROBESCHULARBEITEN
zum
IMPERIUM ROMANUM II

mit Lösungen

HORA VERLAG
Hackhofergasse 8-10
A-1195 Wien

1. Auflage

© 1990 by Hora Verlag Ges.m.b.H., Wien

Alle Rechte, auch die des auszugsweisen Nachdruckes
und der photomechanischen Wiedergabe, vorbehalten

Lektor: Erich Stricz

Satz und Druck: Dr. Friedel Schindler

ISBN 3-213-00033-7

Vorwort

Vorliegende Probeschularbeiten zum IMPERIUM ROMANUM II verfolgen einerseits den Zweck, Schülern zusätzliches Übungsmaterial zur Verfügung zu stellen, andererseits sollen sie jedem Interessierten einen Eindruck davon vermitteln, wie sich eine Schularbeit der sechsten Klasse sowohl hinsichtlich des Umfanges (höchstens 90 Wörter) als auch in Hinblick auf den Inhalt und die Schwierigkeit gestalten kann. So wechseln ausgesprochen leichte Texte und wohl schon anspruchsvoll zu nennende in lockerer Folge einander ab. Insgesamt folgt die Zunahme an Komplexität dem Aufbau des IMPERIUM ROMANUM.

Was die Textgestaltung der Probeschularbeiten betrifft, war es mein Bestreben, die Bahnen antiker Überlieferung so selten wie nötig zu verlassen, die Texte mehr und mehr dem Wortlaut der originalen Vorlagen anzugleichen und schließlich gegen Ende Cicero, Cäsar u. a. beinahe ohne irgendeine Veränderung zu Wort kommen zu lassen.

Die Auswahl der Inhalte war bestimmt von dem mir geboten scheinenden Abwechslungsreichtum, natürlich aber auch von der Notwendigkeit, einen gewissen Zusammenhang mit der Schullektüre herzustellen. Dazu habe ich mich folgender Quellen bedient (in der Reihenfolge ihres erstmaligen Vorkommens): Caesar, Ulpian, Curtius Rufus, Hygin, Plinius Minor, Aeneas Silvius, Augustinus, Vergil, Cicero, Tacitus, Seneca, Livius, Vitruvius, Abaelardus, Quintilian, Wimpheling, Comenius, Laktanz, Valerius Maximus, Einhard, Nepos, Gellius, Gesta Romanorum, Hieronymus, Eugipp, Bellum Alexandrinum, Phädrus.

Die „Lösungen" schließlich sind so gearbeitet, daß der Nachvollziehbarkeit durch den Schüler der Vorzug vor sprachlicher Ausgefeiltheit eingeräumt wurde.

Wien, im Oktober 1990   Michael Walch

Hinweise für den Benützer

Die Probeschularbeiten sind entsprechend den Lektionsnummern gekennzeichnet und jeweils durchnumeriert, ohne daß damit eine Reihung hinsichtlich des Schwierigkeitsgrades ausgedrückt wird.

Die Texte und Auflösungen wurden so angeordnet, daß innerhalb eines Stückes nicht umgeblättert werden muß; das führte allerdings gelegentlich zu Leerräumen am Ende der ungeraden Seiten. Die Sätze sind trotz des inhaltlichen Zusammenhanges numeriert, damit die Übersicht nicht verlorengeht, wenn die Sätze nicht in der gegebenen Reihenfolge übersetzt werden. Außerdem sind folgende Zeichen zu beachten:

⁰ bedeutet, daß das Wort bis dahin nicht vorgekommen ist, aber nicht angegeben zu werden brauchte; das betrifft vor allem gewisse Eigennamen.

(normal) kennzeichnet Ergänzungen gegenüber dem Text.

(kursiv) in den Lösungen kennzeichnet Hilfsübersetzungen oder weitere Versionen.

kursiv in den Angaben sind Sacherklärungen und Anweisungen gesetzt, die natürlich nicht in die Übersetzung hineingeraten sollen.

AUFGABEN ZUM IMPERIUM ROMANUM II

I.R.XV-1

(1) Quados vel Suebos⁰ gentem Germanorum omnium maximam fuisse Caesar ostendit. (2) a quibus gentes alias bello pressas transcendere Rhenum esse coactas constat. (3) Quadi, cum Ubios⁰, quorum fuit civitas magna atque florens, finibus expellere¹ non potuissent, in servitutem eos redegerunt. (4) Caesar, cum a Quadis paucorum dierum iter abesset, Germanos quosdam in castra accepit, quorum haec fuit oratio: (5) „concede nobis, Caesar, ut occupatos iam agros retineamus²! (6) nos nemini nisi Suebis cedimus, quibus ne di quidem pares esse possunt." (7) at Caesar se non solum parem futurum, sed etiam eos superaturum esse haud frustra sperabat.
[90L]

Angaben: 1) expello 3: vertreiben. 2) retineo 2: behalten.

I.R.XV-2

(1) magistratus Romani res provinciarum inspicientes xenia¹ solebant accipere. (2) de qua re imperator Antonius Caracalla⁰ haec fere scribit: (3) „quod ad xenia¹ attinet, admoneo vos, ne modum transcendatis neve omnino² nulla accipiatis. (4) vetus proverbium est: οὔτε πάντα οὔτε πάντοτε οὔτε παρὰ πάντων³. (5) nam valde inhumani⁰ (esse) videbimini, si a nullo acceperitis; sin⁴ ab omnibus, de avaritia reprehendemini." (6) praeterea debebant concedere magistratus, ut se quasi deos externae civitates colerent, quamquam non omnibus suas laudes audire iucundum videbatur.
[74L]

Angaben: 1) xenium, -i: Gastgeschenk. 2) omnino: überhaupt. 3) = neque omnia neque omni tempore neque ab omnibus. 4) = si autem.

I.R.XV-3

(1) Germani equites non prius sunt visi, quam ad castra accederent[1]. (2) cum autem ab decumana porta in castra irrupissent, nostri re nova perturbantur. (3) alius castra iam capta (esse) nuntiat, alius victores barbaros venisse (nuntiat). (4) haec fere verba in ipsius Caesaris sexto de bello Gallico libro leguntur. (5) quem si quis[2] totum legerit, multa etiam de moribus Gallorum atque Germanorum noverit. (6) de his enim rebus accurate Caesar scripsit, quo se magis scirent homines doctrina excultum (esse) maiore, quam necesse[3] (esset) viro militari. [75L]

Angaben: 1) accedo 3, -cessi, -cessum: herankommen. (2) quis *(hier)*: jemand. (3) necesse: nötig.

I.R.XV-4

(1) Darius⁰, rex Persarum⁰, ante pugnam cum ducibus agmina circumibat⁰ Solem et Mithram sacrumque et aeternum invocans[1] ignem, ut sibi dignam vetere gloria virtutem donarent. (2) simili modo Alexander⁰, Macedonum rex, Iovem Minervamque et Victoriam oravit, ne hosti fortunam belli concederent. (3) iamque prima luce duces venerant, ut imperia acciperent; intra tabernaculum regem invenerunt dormientem. (4) et Alexander tandem excitatus, cum eos stupentes[2] videret: „minime" inquit „mirum est; (5) ego enim, quo firmiore animo essem, me heri dis permisi[3]." [77L]

Angaben: 1) invoco 1: anrufen. 2) stupens, -ntis: verblüfft. (3) permitto 3, -misi, -missum: anvertrauen.

I.R.XV-5

(1) Danuvium Thetidis[1] et Oceani[1] filium esse ab Hesiodo[1] accepimus; quem ille καλλιρέεθρον[2] nominavisse constat. (2) hac re admoneor, ut quaedam etiam de ratione commemorem, qua rerum naturam⁰ omnem antiqui coluerunt. (3) quam si accurate et diligenter inspexeris, omnibus paene rebus inesse[3] animam putavisse eos videbis. (4) quod nisi ita fuisset, frustra illi fontibus vel fluviis sua munera donavissent. (5) sperabant autem deos dona a se pie data accepturos esse: (6) Wenn (die,) die jetzt leben, dasselbe dächten[4], würden sie die Natur nicht gleichsam versklaven.

[66L+13D=79]

Angaben: 1) *Deklination der Eigennamen:* Thetis, -idis; Oceanus, -i; Hesiodus, -i. 2) = pulchre fluentem. 3) inesse + *dat.*: in etwas stecken. 4) denken: sentio 4

I.R.XV-6

(1) Phaethon⁰ adulescens cum indicio patris avum Solem (esse) cognovisset, eum rogavit, ut sibi permitteret, ut curru eius veheretur. (2) sed cum esset iuxta terram vectus, vicino igni omnia combusta sunt et ipse fulmine[1] ictus in flumen Padum⁰ cecidit. (3) Indi⁰ autem, quod sanguis eius per ignem in atrum colorem[2] versus est, nigri sunt facti. (4) sorores[3] autem Phaethontis⁰, dum mortem lugent fratris, in arbores sunt versae. (5) harum lacrimae, ut Hesiodus⁰ ostendit, in sucinum[4] sunt versae. [71L]

Angaben: 1) fulmen, -inis: Blitz. 2) color, -oris: Farbe. 3) soror, -oris: Schwester. 4) sucinum, -i: Bernstein.

I.R.XV-7

(1) eo ipso tempore, quod iucundissimum Germanis est, cum Danuvius ripas gelu[1] iungit et ingentes copias quasi tergo transportat, Traianus imperator Pannoniam inspexit. (2) ferae ibi gentes non telis magis quam suo caelo tutae, cum ille adesset, in oppidis manebant, ne forte ad pugnam cogerentur. (3) Romani autem milites felicitate hac gaudentes Danuvium saepius, quam poscebat[2] ratio, quasi per ludum transcendebant. (4) quibus si facultatem pugnae hostes dedissent, exercitus populi Romani invictus etiam de Danuvio glacie durato[3] victor discessisset. [75L]

Angaben: 1) gelu, -us: Eis. 2) posco 3: erfordern. 3) glacie duratus 3: zugefroren.

I.R.XV-8

(1) Danuvius multas atque pulcherrimas alluit[1] urbes, inter quas nulla divitior est quam Vienna⁰, regionis caput. (2) iuxta Viennam⁰ parvum flumen est nomine Vienna⁰; a quo nonnulli dictum esse oppidum putant. (3) sed res non permittit, ut ita credamus: (4) Vienna⁰ enim non tam flumen est quam torrens[2] — quare[3] ergo tam magnifica urbs nomen ab illo cepisset? (5) vero similius id videtur ea, quae digniora sunt, minus dignis dare nomina. (6) Wenn das nicht so wäre, würden der Unsterblichkeit würdige Männer vergeblich hoffen, daß ihre Namen (bestehen) bleiben (werden).
[65L+18D=83]

Angaben: 1) alluo 3: bewässern. 2) torrens, -ntis: Wildbach. 3) quare: warum.

I.R.XV-9

(1) Posidionius° philosophus, vir omni doctrina excultus, cum ex Syria patria Athenas migravisset, a Panaetio°, maximo tum Stoicorum°, institutus est. (2) deinde domicilium delegit Rhodum°. (3) legatus¹ novae suae patriae Romam venit; unde cum rediens ea, quae Romae gesserat, per otium reputaret², Pompeii adhuc adulescentis amicitiam³ sibi bonam ac firmam mansuram esse maxime speravit. (4) decem fere annis post Marcus quidam Rhodum° venit, ut Posidonium°, cuius iam fama fines Graeciae transcenderat, de rerum natura disserentem⁴ audiret. (5) Cicero besuchte Griechenland, um umso besser unterwiesen zu werden. [72L+9D=81]

Angaben: 1) legatus, -i: Abgesandter. 2) reputo 1: überdenken. 3) amicitia, -ae: Freundschaft. 4) dissero 3: vortragen.

I.R.XV-10

(1) Augustinus° ab XIX. anno aetatis suae, cum in schola° librum illum Ciceronis, qui Hortensius° vocatur, accepisset, summo amore philosophiae° incensus est. (2) quod¹ nisi uxoris honorisque amore detentus² esset, iam celerius philosophia se excoluisset. (3) at Deus morbum³ quendam ei (im)misit, quo facilius eum admoneret, ut arti rhetoricae° vale diceret vitamque studio philosophiae dedicaret. (4) homines saepe rebus adversis ad felicitatem cogi constat. (5) Wenn Gott ihm nicht diese Krankheit³ geschickt hätte, wäre Augustinus ein Redner geblieben. [62L+13D=75]

Angaben: 1) quod *(hier)*: also. 2) detineo 2, -tinui, -tentum: festhalten. 3) morbus, -i: Krankheit.

I.R.XVI-1

(1) C. Plinius Marcellino suo s. d. (2) o diem acerbum! tristissimus haec tibi scribo, cum filiam Fundani° nobis ereptam esse audiverim. (3) quis non incuset naturam, quod puellam nondum annos XIII natam rapuerit? (4) o triste acerbumque funus! (5) iam destinata¹ erat egregio iuveni, iam constitutus nuptiarum dies! (6) utinam ne illum diem vidissem! (7) ne enumeraveris solacia philosophiae°! (8) tanto dolori omnis oratio impar erit, etsi Annaei° illius eloquentissimi auctoritatem interponas². (9) Seneca nos admonet, ne naturam incusemus, his verbis: (10) „utrum" inquit „aequius putas: te naturae an tibi parere naturam?" [84L]

Angaben: 1) destinatus 3: bestimmt. 2) interpono 3: ins Spiel bringen.

I.R.XVI-2

(1) Anna⁰, cum audivisset Didonem⁰ sororem ferro mortuam esse, domum cucurrit et manus in caput mortuae imponens haec verba addidit: (2) „quid primum dicam? (3) utinam me ad eandem fortunam vocavisses! (4) utinam nos idem ferrum atque hora eadem rapuisset! (5) utinam Aeneas Troiae mansisset! (6) vivam adhuc te viderem neque funus luctuosissimum parare nunc deberem. (7) at tu, pessime, ne quieveris umquam, sed ubique adsit tristis imago (meae) sororis!" (8) Wer könnte alle aufzählen, die eine verhängnisvolle Liebe zum Tod veranlaßt hat? [62L+12D=74]

I.R.XVI-3

(1) Tullius Tironi suo s. d. (2) a. d. V. Kal. Dec. tabellarius[1] tandem mihi tuas litteras reddidit datas Idibus Nov., quae multum mihi solacii praebuerunt; (3) utinam omnino[2] curis me liberavissent! (4) sed tamen medicus dicit mox te sanum fore. (5) nunc quid ego te compellam, ut omnem diligentiam adhibeas[3] ad valetudinem? (6) tuam prudentiam, tuum amorem erga me novi; (7) scio te omnia facturum esse, ut nobiscum quam primum sis. (8) sed tamen ne properaveris! (9) ne plus possit apud te obsequium quam cura valetudinis! [78L]

Angaben: 1) tabellarius, -i: Briefträger. 2) omnino: gänzlich. 3) adhibeo 2: aufwenden.

I.R.XVI-4

(1) M. Cicero Titio suo s. d. (2) etsi minime possum praebere tibi solacia, quod tantum ex tuo dolore cepi doloris, ut solaciis ipse egerem, tamen constitui has (litteras) scribere. (3) est autem solacium pervulgatum[1] illud maxime: (4) homines nos esse meminerimus ea lege natos, ut omnibus telis fortunae proposita[2] sit vita nostra! (5) subeamus igitur fortiter omnes casus! (6) quisquis his gravissimis rei publicae temporibus adulescens aut puer mortuus est, is mihi a dis ereptus ex his miseriis[3] videtur. (7) etsi solacium hoc tuo dolori impar sit, est tamen solacium. [83L]

Angaben: 1) pervulgatus 3: gängig. 2) propositus 3: ausgesetzt. 3) miseria, -ae: Not; *pl.*: Elend.

I.R.XVI-5

(1) Tullius Terentiae suae s.d. (2) me miserum! (3) quanto mihi dolori est te per amorem erga me in tantas aerumnas[1] venisse! (4) nam quid ego de filio dicam? (5) qui ubi primum adolevit[2], acerbissimos dolores sensit. (6) si haec omnia fatalia putarem, subirem paulo libentius; (7) sed omnia sunt mea culpa[3] facta. (8) nam si nostris consiliis paruissemus neque apud nos valuisset sermo amicorum, felicissimi viveremus. (9) nunc quoniam sperare nos amici iubent, dabo operam, ne mea valetudo nobis desit. (10) ne igitur animo deficiamus! (11) vale! [78L]

Angaben: 1) aerumna, -ae, f: Mühsal. 2) adolesco, -ere, -evi, adultus: heranwachsen. 3) culpa, -ae: Schuld.

I.R.XVI-6

(1) Cicero Silio suo s.d. (2) quid ego tibi commendem[1] eum, quem tu ipse diligis? (3) sed tamen, ut scias eum a me non deligi solum, sed etiam amari, ob eam rem tibi haec scribo. (4) omnium tuorum officiorum, quae et multa et magna sunt, mihi gratissimum fuerit, si ita tractaveris[2] Egnatium[0], ut sentiat et se a me et me a te amari; (5) qua de causa a te peto, ut des operam, ut sentiat me ad te satis diligenter scripsisse; (6) nam de tua erga me voluntate non dubitabat.[3]. [86L]

Angaben: 1) commendo 1: empfehlen, ans Herz legen. 2) tracto 1: behandeln. 3) dubito 1: zweifeln.

I.R.XVII-1

(1) rex Icenorum[1] tali obsequio erga Romanos fuerat, ut regnum et domum suam putaret procul[2] iniuria fore. (2) at regnum et domus per Romanos sic vastata sunt, ut etiam uxor regis verberibus[3] caederetur. (3) quod Iceni[1] aegre tolerantes arma capiunt. (4) tum Suetonius[0], qui exercitui Romanorum praeerat, medios inter hostes Londinium[0] venit; (5) ibi primum incertus, quem locum bello deligeret, unius tandem oppidi damno[4] servare universa statuit. (6) LXX milia civium iis locis cecidisse constat. (7) neque ullam umquam tam atrocem cladem Britannia, postquam in formam provinciae redacta est, toleravit. [83L]

Angaben: 1) Iceni, -orum: *ein Volk in Britannien*. 2) procul: fern von *(abl)*. 3) verbera, -um: Peitsche. 4) damnum, -i Opfer.

I.R.XVII-2

(1) Caesar, cum Germanos, qui trans Rhenum incolunt, primus Romanorum maximis affecisset cladibus, copias in Britanniam traduxit ignotam ante domitisque Britannis tributa imperavit. (2) at classis eius vi tempestatis sic est affecta, ut vix paucae naves superessent. (3) Caesarem Britanniam petivisse spe margaritarum[1] quidam dicunt. (4) cum enim expeditionem° obiret, ab iis, qui insulam iam viderant, quaesiverat, qualis esset situs eius, qui mortales eam incolerent, quid ibi divitiarum reperturus esset. (5) fama autem margaritarum[1] in Britannia inventarum tam late sparsa erat, ut credibile sit Caesarem revera[2] his illuc invitatum esse.
[86L]

Angaben: 1) margarita, -ae: Perle. 2) revera: tatsächlich.

I.R.XVII-3

(1) videamus, quid sit clementia qualisque sit et quos fines habeat. (2) possumus ita definire°, ut sit crudelitas inclinatio[1] animi ad asperitatem: (3) hanc clementia repellit longe a se. (4) ad rem pertinet[2] quaerere hoc loco, quid sit misericordia. (5) misericordia malum est animorum miseriam timentium. (6) plurimi autem ut virtutem eam laudant. (7) constituamus nunc quoque, quid sit venia[3], et sciemus dari illam a sapiente non debere. (8) clementia hoc primum praestat[4], ut illos, qui iniuriam fecerunt, nihil aliud quam poenam tolerare debuisse affirmet.
[78L]

Angaben: 1) inclinatio, -onis: Neigung. 2) ad rem pertinet: es ist zweckmäßig. 3) venia, -ae: Gnade. 4) praesto 1: hoc praestare, ut: sich dadurch auszeichnen, daß.

I.R.XVII-4

(1) Britannia omnis fere Gallis erat incognita°. (2) itaque vocati ad Caesarem undique homines, neque quanta esset insulae magnitudo neque quae aut quantae nationes eam incolerent, dicere poterant. (3) Caesar, cum C. Volusenum° cum navi longa praemisisset°, ipse cum omnibus copiis in Morinos° iter fecit, quod inde[1] erat brevissimus in Britanniam traiectus[2]. (4) Volusenus° autem asperitate insulae sic est territus, ut in continentem quam celerrime se reciperet. (5) a quo cum Caesar quaereret, quae in Britannia vidisset, pauca de situ insulae aegre respondit.
[78L]

Angaben: 1) inde: von dort aus. 2) traiectus, -us: Überfahrt.

I.R.XVII-5

(1) Britannia, insularum, quae Romanis notae[1] sunt, maxima, temporibus imperatoris Claudii primum domita est; (2) Aulus Plautius⁰, cum legiones quattuor in Britanniam traduxisset, Belgas⁰ hanc insulae partem incolentes vicit eorumque fines in formam provinciae redegit. (3) regna autem finitima viciniam[2] provinciae Romanae aegre toleraverunt: (4) audiverant enim, quantum tributorum obituri essent, si Romanis servirent. (5) sic gens Icenorum⁰, cum tributa pendere cogeretur, iniuriam putabat tantam, ut arma caperet proeliumque adversus Romanos committeret[3]. (6) Romani victores victis tributa imperaverunt tanta, ut vix relinqueretur, quo vitam tolerarent. [81L]

Angaben: 1) notus 3: bekannt. 2). vicinia, -ae: Nachbarschaft, 3) committo 3 *(hier)*: beginnen.

I.R.XVII-6

(1) cum Caesar in Britanniam venisset, maiores iam undique in eum locum copiae Britannorum convenerant. (2) summa imperii[1] permissa est Cassivellauno⁰, cuius fines a civitatibus ad mare sitis flumen dividit, quod appellatur Tamesis⁰. (3) qui priore tempore cum reliquis civitatibus crebra bella gesserat. (4) at Romanorum adventu[2] territi sic sunt Britanni, ut eum ducem adversus Romanos sibi deligerent. (5) audiverant enim, quantum tributorum obituri essent, si Britannia in formam provinciae redacta esset. (6) Caesar ad flumen Tamesim⁰ in fines Cassivellauni⁰ exercitum duxit; (7) quod flumen uno loco pedibus, atque hoc aegre, transiri⁰ potest. [86L]

An gaben: 1) summa imperii: Oberbefehl. 2) adventus, -us: Ankunft.

I.R.XVII-7

(1) Paulus⁰, cum Perseum⁰, regem Macedoniae⁰, domuisset, Latine, quae senatui, quae sibi placuissent, pronuntiavit[1]: (2) „liberos esse iubeo Macedones⁰ habentes urbes easdem agrosque; tributum dimidium[2], quod pependistis regibus, iubeo vos pendere populo Romano. (3) in quattuor regiones dividetur Macedonia⁰ ita, ut cuiusque regionis magistratus creentur. (4) metalla⁰ auri atque argenti non exerceantur[3], ferrum autem permittitur. (5) vectigal exercentibus[3] dimidium[2] eius imponetur, quod pependerunt regi." (6) haec pronuntiata[1] varie affecerunt animos: (7) libertas[4] data et minutum vectigal Macedonibus⁰ gaudio erant, divisio⁰ patriae dolori. [76L]

Angaben: 1) pronuntio 1: verkündigen. 2) dimidius 3: halb. 3) exerceo 2: bearbeiten. 4) libertas, -atis: Freiheit.

I.R.XVII-8

(1) ad ludos Isthmiorum° homines undique convenerant exspectatione° commoti, qui deinde status¹ futurus esset Graeciae, quae sua fortuna esset. (2) ad spectaculum consederant et praeco², cum tuba°, ut mos est, silentium imperavisset, ita pronuntiat³: (3) „senatus Romanus et Titius Quinctius° imperator liberos esse iubet Corinthios." (4) maius gaudium omnium fuit, quam ut crederent se vera audivisse. (5) suarum aurium fidei haud credentes a proximis quaerebant, quid praeco² dixisset. (6) tum ab certo iam gaudio tantus clamor⁴ sublatus est, ut facile appareret nihil omnium bonorum multitudini gratius quam libertatem esse. [83L]

Angaben: 1) status, -us: Ordnung. 2) praeco, -onis: Herold. 3) pronuntio 1: verkündigen. 4) clamor, -oris: Geschrei.

I.R.XVII-9

(1) nihil magis curare debent ii, qui rei publicae praesunt, quam ut abstinentes sint. (2) quid ego memorem Paulum° illum, qui post tanta proelia tamque splendidos triumphos tam abtinens fuit, ut praedae nihil domum suam verteret? (3) domuerat enim Perseum°, regem Macedoniae°, sustuleratque urbem divitissimam Corinthi. (4) iniuriam tamen non fecit neque praemium¹ laboris sui quaesivit, id quod maxime admirabile inter mortales est. (5) scimus enim hodierni² quoque, quam aegre iustitiam et abtinentiam° curent magistratus. [72L]

Angaben: 1) praemium, -i: Lohn. 2) hodierni, -orum: die Heutigen.

I.R.XVII-10

(1) Paulus°, cum Macedoniam° domuisset, orationem dignam Romano principe habuit: (2) „quanta felicitate rem publicam administraverim, non ignorare vos, Quirites¹, puto. (3) tamen paucis verbis toleretis me cum publica felicitate comparare privatam meam fortunam!" (4) amiserat enim post victoriam filios duo uno die. (5) „Macedoniam° in potestatem populi Romani redegi et bellum, quod per quattuor annos quattuor ante me consules ita gesserunt, ut semper successori² traderent³ gravius, ego quindecim diebus confeci⁴. (6) at rex, quem vici, filios tamen habet vivos: ego, qui de illo triumphavi°, dolore sic afficior, ut aegre tolerem." [85L]

Angaben: 1) Quirites: „o Römer" *(Anrede an die Volksversammlung)*. 2) successor, -oris: Nachfolger. 3) trado 3, -didi, -ditum: weitergeben. 4) conficio 3, -feci, -fectum: beenden.

I.R.XVIII-1

(1) Aristippus⁰ philosophus, cum ad litus quoddam appulsus vidisset geometricas⁰ figuras⁰, (ex)clamavisse ita dicitur: (2) „bene speremus, hominum enim vestigia video!" (3) statimque in oppidum Rhodum⁰ contendit ibique de philosophia summa eloquentia disserens[1] muneribus est donatus tantis, ut non solum se ornaret, sed etiam iis, qui una cum eo fuerunt, liberalissimum[2] se praestaret. (4) cum autem eius comites in patriam redire voluissent quaererentque ab eo, quid vellet se domum nuntiare, iussit eos dicere: (5) „liberi tales possessiones[3] paranto, quae una cum iis semper maneant!"

[81L]

Angaben: 1) dissero 3, -serui, -sertum: sprechen. 2) liberalis, -e: großzügig. 3) possessio, -onis: Besitztum.

I.R.XVIII-2

(1) Abaelardus⁰ de magistro Anselmo⁰ haec fere tradit: (2) „accessi igitur ad Anselmum⁰, cui magis aetas quam ingenium vel eloquentia gloriam paraverat. (3) ad quem cum quis de aliqua quaestione⁰ incertus accedebat, redibat incertior. (4) ad hunc itaque cum ego accessissem, brevi dubium non fuit, quin errarent discipuli existimantes se aliquid sapientiae ex communitate eius sibi acquisituros[1] esse. (5) intellexi esse magistros, qui pecuniam quam sapientiam mallent. (6) est autem pessimi animi dubias res iuventuti tradere." (7) de Anselmo potest dici, quod Lucanus⁰ poeta de Pompeio⁰ dixit: (8) „stat magni nominis umbra[2]."

[84L]

Angaben: 1) acquiro 3, -quisivi, -quisitum: gewinnen. 2) umbra, -ae: Schatten.

I.R.XVIII-3

(1) Quintilianus⁰ non futurum esse rhetorem nisi virum bonum dicit. (2) „nam certe neque intelligentiam⁰ tribueris iis, qui, quamquam vident viam honesti, peiorem malent, neque prudentiam. (3) ne studere quidem operi pulcherrimo mens nisi omnibus vitiis libera potest; (4) dubium enim non est, quin in eodem pectore[1] nulla sit honesti malique communitas. (5) mens enim tantae rei intenta vacare omnibus aliis curis debet. (6) ita libera ac tota, cum nulla alia re commota erit, spectabit ad id solum, quod ei proposita[2] est."

[77L]

Angaben: 1) pectus, -oris: Brust, Herz. 2) propositus 3: vorgestellt; propositus esse alicui: jemandem vorschweben.

I.R.XVIII-4

(1) denique, ut maximam partem quaestionis⁰ nostrae solvam, demus idem ingenii pessimo atque optimo viro: (2) uter melior dicetur orator? nimirum¹ qui homo quoque melior est. (3) „orator ergo Demosthenes⁰ non fuit? (4) malum eum virum fuisse scimus. (5) non Cicero? huius quoque mores multi reprehenderunt." (6) quid agam? (7) mihi nec Demosthenes tam gravi morum invidia dignus videtur, ut omnia, quae in eum ab inimicis dicta sunt, credam, nec Ciceroni defuisse video in ulla parte civis optimi voluntatem. (8) qui neque spe neque metu deterritus² est, quominus optimis se partibus iungeret. [85L]

Angaben: 1) nimirum: selbstverständlich. 2) deterreo 2, -terrui, -territum: abschrecken.

I.R.XVIII-5

(1) Pythagoras⁰ non sapientem se ut eos, qui ante eum fuerunt, sed studiosum sapientiae vocari voluit. (2) ego dicam perfectum⁰ oratorem esse Ciceronem, tamen, quoniam ille sapientis sibi nomen numquam tribuit et tempore tutiore melius dicere potuisset, crediderim defuisse ei summam¹ illam, ad quam nemo propius accessit. (3) sunt, qui Ciceroni ne in eloquentia quidem satis tribuant. (4) cum autem dubium non sit, quin invidia moti hoc dicant, facile eos transeo². (5) concedamus igitur repertum esse aliquem malum virum maxime facundum³, tamen oratorem eum fuisse negabo. [82L]

Angaben: 1) summa, -ae: Vollendung. 2) transeo, -ire: übergehen. 3) facundus 3: redegewandt.

I.R.XVIII-6

(1) prima culpa¹ est in magistris: (2) sunt enim, qui libenter teneant discipulos, partim² studio pecuniae, partim² ambitione³, quo difficilius videatur esse, quod docent, partim² etiam neglegentia. (3) proxima (culpa) in nobis discipulis (est), qui manere in eo, quod novimus, quam discere, quae nondum scimus, malumus. (4) nam ut de nostris studiis dicamus: quid attinet⁴ tantum laboris in rebus dubiis consumere⁰? (5) dubium non est, quin rerum scientia cotidie augeatur. (6) sed breve nobis tempus nos ipsi fecimus. (7) quod si omne studiis daremus, satis longa nobis aetas videretur. [80L]

Angaben: 1) culpa, -ae: Schuld. 2) partim: teils. 3) ambitio, -onis: Wichtigtuerei. 4) quid attinet: wozu dient es.

I.R.XVIII-7

(1) dubium non est, quin omnes trahamur ad scientiae studium, in quo excellere[1] pulchrum putamus, errare autem, nescire malum existimamus. (2) ne incognita⁰ pro cognitis habetote! (3) quod vitium fugere qui volet —, omnes autem velle debent —, adhibebit[2] et tempus et diligentiam. (4) alterum est vitium, quod quidam nimis magnum studium in res minime necessarias⁰ tradunt. (5) semper ante oculos habetote virum, magistrum gravem moribus, sapientia excellentem, cuius vestigia colatis, cuius doctrinam observetis! (6) otium sine litteris mors est et hominis vivi sepulcrum. [76L]

Angaben: 1) excello 3: sich hervortun. 2) adhibeo 2: aufwenden.

I.R.XVIII-8

(1) Comenius⁰, paedagogus ille excellentissimus saeculi XVII., *Didacticae Magnae* suae initium facit hoc: (2) „Didacticae nostrae finis esto: (3) invenire modum, quo docentes minus doceant, discentes[1] autem plus discant[1]." (4) de studio linguarum idem ille: „linguae discuntur[1] non ut sapientiae pars, sed ut sapientiae instrumentum⁰. (5) discantur[1] non omnes usque ad perfectionem⁰. (6) non enim est opus[2] Latinae vel Graecae linguae nimis studere, quia homines desunt, cum quibus sermonem habeamus." (7) dubium non est, quin sufficiat[3] eas linguas disci[1] ad usum[4] historiae et interpretationis antiquae sapientiae. [79L]

Angaben: 1) disco 3, didici, –: lernen. 2) opus est: es ist nötig. 3) sufficio 3: genügen. 4) usus, -us: Zweck.

I.R.XVIII-9

(1) est autem adulescentis maiores natu observare et ex iis deligere optimos, quorum auctoritate et sapientia adiuvetur. (2) maiorum natu (est) imperitiam neglegentiamque iuvenum consilio et sapientia regere. (3) haec communitas officiorum efficit[1], ut iuventutis vitia minuantur, viresque seniorum⁰ augeantur. (4) sin erratum erit a senioribus⁰, duplex[2] erit malum, cum et ipsi errent erroresque suos quasi suprema iudicia iuventuti tradant. (5) sunt, qui dicant nimis sapientiae studere viri vere Romani non esse; (6) talem de socero[3] famam fuisse Tacitus tradit. [76L]

Angaben: 1) efficio 3: bewirken. 2) duplex, -icis: doppelt. 3) socer, -i: Schwiegervater.

I.R.XVIII-10

(1) iuventus quaerit rhetores; quorum professio° quando primum in hanc urbem introducta° sit quamque nullam apud maiores auctoritatem habuerit, statim tradam. (2) novistis quidem Ciceronis librum, in cuius extrema parte sua initia, eloquentiae quasi educationem° narrat. (3) qui iis magistris haud contentus[1], quos Romae audiverat, in Achaiam quoque et Asiam iter fecit, ne quam artem neglegeret. (4) itaque ex eius libris intellegi potest non geometriae°, non grammaticae°, non denique ullius artis scientiam ei defuisse. (5) dubium non est, quin praecepta sapientiae quam res dubias rhetorum doceri maluerit. [83L]

Angaben: 1) contentus 3 + *abl.*: zufrieden mit.

I.R.XIX-1

(1) summum hominum inter se vinculum[1] est humanitas; quam qui laeserit, nefarius existimandus est. (2) itaque Deus iussit nos parcere subiectis, adiuvare miseros, placare iratos. (3) cogitemus igitur inimicitias nobis semper tollendas, amicitias vero colendas esse. (4) nam cum ab uno Deo omnes facti simus, certe fratres sumus. (5) Deus, summus artifex, cum genus humanum finxisset, dixerat: (6) „non est bonum esse hominem solum: faciamus ei adiutorium[2] simile sibi." (7) et aedificavit Deus costam[3], quam ceperat de Adam°, in feminam: (8) quae quin mater omnium nostrum sit, non est dubium. [82L]

Angaben: 1) vinculum, -i: Band. 2) adiutorium, -i: Stütze. 3) costa, -ae: Rippe.

I.R.XIX-2

(1) satis nobis persuasum esse debet, etiamsi omnes deos hominesque celare[1] possimus, nefas tamen non esse faciendum. (2) anulum Gygis[2] si habeat sapiens, non magis audeat, quam si non haberet. (3) nam ad beate vivendum satis esse virtutem inter omnes sapientes constat. (4) si igitur nemo sciat, cum tu ad divitias parandas, ad potestatem augendam, ad cupidinem satiandam[3] aliquid feceris, tune hoc facias? (5) minime. nam omnia turpia[4] fugienda sunt. (6) fabula de Gyge° tradita alio loco nobis narranda erit.
[75L]

Angaben: 1) celo 1: betrügen. 2) anulus Gygis: der Ring des Gyges. 3) satio 1: stillen. 4) turpis, -e: schändlich.

I.R.XIX-3

(1) quisquis mecum res humanas communionemque hominum spectaverit, negare non audebit neminem esse, qui gaudere nolit, neminem, qui pacem habere nolit. (2) dicendum enim est etiam ipsos, qui bella volunt, nihil aliud quam vincere velle. (3) ad splendidam ergo pacem bellando° cupiunt pervenire. (4) pacis igitur intentione[1] geruntur etiam bella, ab his etiam, qui virtutem student exercere imperando atque pugnando. (5) unde pacem constat belli esse optandum finem. (6) qui ergo bella gerunt, non, ut sit pax, nolunt, sed ut ea sit, quam volunt. [79L]

Angaben: 1) intentio, -onis: Absicht, Ziel.

I.R.XIX-4

(1) qui summum bonum in una virtute ponunt et, quid natura postulet[1], non intellegunt, errore maximo, si Epicurum° audire voluerint, liberabuntur. (2) nisi enim istae splendidae virtutes felicitatem efficerent[2], quis eas laudandas existimaret? (3) sic sapientiae, quae ars vivendi putanda est, non studeremus, si nihil efficeret[2]. (4) nunc ei studemus, quod est quasi artifex parandae felicitatis. (5) sapientia est enim una, quae dolorem pellat ex animis. (6) sapientia nobis a natura data est ad beate vivendum — sine qua quid vita hominum esse potuisset? [77L]

Angaben: 1) postulo 1: verlangen. 2) efficio 3: bewirken.

I.R.XIX-5

(1) nobilibus athletis° Graecorum maiores magnos honores constituerunt. (2) quaerendum est, quare ita non scriptoribus iidem honores vel etiam maiores sint tributi. (3) scriptores enim non solum sua ingenia, sed etiam omnium libris ad discendum excitant. (4) praecepta Pythagorae°, Platonis°, Aristotelis° ceterorumque sapientium non solum suis civibus, sed etiam omnibus gentibus observanda sunt. (5) cum ergo tanta munera ab scriptorum prudentia hominibus data sint, non solum existimo coronas his esse tribuendas, sed etiam triumphos decernendos ipsosque in deorum numero esse habendos. [78L]

I.R.XIX-6

(1) quae quidam dicunt, quo iucundius in otio vivant, (ea) certe minime sunt audienda: (2) (dicunt enim) accedere ad rem publicam plerumque homines nulla re bona dignos, cum quibus comparari turpe¹ putant. (3) qua de causa sapientis non esse (dicunt) inimicitias exercere vel exspectare sapienti non tolerandas iniurias. (4) at quae est causa iustior² ad rem publicam accedendi, quam ne boni pareant malis neve res publica voluntati pessimorum subiciatur? (5) sapientis ergo est rei publicae auxilio venire omniaque audere ad ius conservandum. [74L]

Angaben: 1) turpis, -e: schändlich. 2) iustus 3: triftig.

I.R.XIX-7

(1) tantus est in nobis amor scientiae, ut nemini dubium esse possit, quin ad eam rem hominum natura nullo praemio¹ invitata rapiatur. (2) sic videmus pueros de rebus exquirendis deturbari non posse. (3) gaudent enim se aliquid scire aliisque id narrare cupiunt. (4) qui studiis atque artibus delectantur, cum maximis curis et laboribus compensant² id, quod ex discendo capiunt, gaudium. (5) mihi quidem Homerus⁰ huius modi quiddam vidisse videtur in Sirenibus⁰: (6) neque enim dulci voce aut varietate canendi homines vocabant, sed quia multa se scire affirmabant, ut homines ad earum saxa³ discendi cupidine adhaererent. [90L]

Angaben: 1) praemium, -i: Lohn. 2) compenso 1: bezahlen. 3) saxum, -i: Fels.

I.R.XIX-8

(1) Carolus⁰ Magnus erat summa eloquentia poteratque, quidquid vellet, apertissime exprimere⁰. (2) nec patrio sermone contentus¹ etiam aliis linguis ediscendis dedit operam. (3) in quibus Latinam ita didicit, ut aeque illa ac patria lingua orare sit solitus. (4) adeo² quidem facundus erat, ut etiam dicaculus³ appareret. (5) in discenda grammatica⁰ Petrum⁰ quendam maiorem natu audivit. (6) discebat artem computandi⁰. (7) in lecto autem tabulas habere solebat, ut manum in litteris fingendis exerceret. (8) religionem Christianam, quam iam infans erat doctus, cum summa diligentia coluit. [77L]

Angaben: 1) contentus 3 + *abl.*: zufrieden mit. 2) adeo: dermaßen. 3) dicaculus 3: ein bißchen geschwätzig.

I.R.XIX-9

(1) Atticus⁰ habebat avunculum Quintum Caecilium⁰, equitem Romanum, divitem, difficillima⁰ natura. (2) cuius sic asperitatem observavit, ut huius benevolentiam usque ad summam aetatem retineret neque eum umquam offenderet. (3) Caecilius ergo testamento⁰ adoptavit⁰ eum heredemque[1] fecit. (4) erat nupta soror Attici⁰ Quinto Tullio Ciceroni easque nuptias M. Cicero conciliaverat[2], cum quo iam discipulus vivebat coniunctissime, ut existimandum sit plus in amicitia valere similes mores quam aliud quidquam. (5) de Attico quid plura commemorem? (6) nam philosophorum ita observavit praecepta, ut haec ad vitam agendam, non ad splendide disputandum coleret. [85L]

Angaben: 1) heres, -edis: Erbe. 2) concilio 1: stiften.

I.R.XIX-10

(1) dicendum est de Cn. Pompei⁰ eximia virtute. (2) ita mihi modus in dicendo quaerendus est. (3) causa quae sit, videtis; nunc, quid agendum sit, mecum cogitate! (4) primum mihi videtur de genere belli, deinde de magnitudine (belli), tum de imperatore deligendo esse dicendum. (5) genus est enim belli eius modi, quod maxime vestros animos excitare ad agendum debeat. (6) aguntur[1] bona multorum civium, quibus est (a) vobis rei publicae conservandae causa consulendum. (7) quis igitur tam idoneus est ad tantum bellum administrandum quam Pompeius? [77L]

Angaben: 1) agi *(hier)*: auf dem Spiel stehen.

I.R.XX-1

(1) cum licet plures dies Roma abesse, rus peto. (2) villam Arpinatem[1] frequentare soleo, quia haec est mea patria. (3) hic enim natus sum antiqua familia. (4) vides, Attice⁰, villam, ut nunc quidem est, patris mei studio aedificatam. (5) qui valetudine impeditus hic omnem fere vitam egit. (6) Ulixes quoque Troia deleta, cum domum rediens in insula quadam retineretur, immortalitate proposita[2] mortalis tamen patriam videre maluit. (7) sic ego conficior lacrimis, cum — eheu[3] raro! — urbe relicta huic villae appropinquo. (8) desiderio patriae omnes trahimur. [76L]

Angaben: 1) villa Arpinas: das Landhaus in Arpinum, *Ciceros Geburtsort.* 2) propono 3, -posui, -positum: in Aussicht stellen. 3) eheu: ach.

I.R.XX-2

(1) quaeris, quem ad modum ruri diem aestate disponam[1]. (2) notario[2] vocato et die admisso — id est fenestris apertis — laborem cottidianum suscipio. (3) vehiculum[0] productum ascendo et ibi quoque idem facio: (4) cogito, si quid in manibus habeo, cogito scribenti similis. (5) cenanti mihi, si cum uxore vel paucis (ceno), liber legitur. (6) variis sermonibus confectis dies clauditur. (7) nonnumquam ex hoc ordine aliqua mutantur. (8) nam somno[3] longiore capto non vehiculo[0], sed, quia brevius est, equo vehor. (9) utinam ne officiis plerumque impedirer, quominus urbe relicta rus petam! [79L]

Angaben: 1) dispono 3: einteilen. 2) notarius, -i: Sekretär. 3) somnus, -i: Schlaf; somnum capere: schlafen.

I.R.XX-3

(1) Manius Curius[0], praeclarissimus ille imperator Romanorum, Pyrrho[0] rege victo extremum tempus aetatis ruri egit. (2) cuius quidem ego villam modicam spectans — abest enim non longe a me — laudare satis non possum hominis abstinentiam[1]. (3) ad Curium domi sedentem hostes Romanorum cum venissent, magna auri vi proposita[2] tamen admissi non sunt. (4) quibus avectis ille non aurum habere praeclarum sibi videri dixit, sed aurum habentibus imperare. (5) poteratne tantus animus facere non iucundam extremam aetatem? (6) mea quidem sententia Curio[0] beatior nemo potest esse. [78L]

Angaben: 1) abstinentia, -ae: Uneigennützigkeit. 2) propono 3, -posui, -positum: in Aussicht stellen.

I.R.XX-4

(1) Arria[0], femina illa praeclarissima, filio mortuo marito, qui et ipse extrema valetudine conficiebatur, interroganti, quid ageret puer, respondebat: (2) „bene quievit, libenter cibum sumpsit[1]." (3) deinde lacrimis vincentibus ex cubiculo evadebat; tum se dolori dabat. (4) praeclarum quidem aliud Arriae[0] facinus sit: (5) maius vero (est) sine praemio[2] gloriae abdere lacrimas amissoque filio adhuc matrem agere[3]. (6) cum gener[4] eius oraret, ne ad mortem cum marito properaret, interque alia dixisset: „vis ergo filiam tuam, si mihi dies supremus obeundus fuerit, obire mecum?", respondit: (7) „si tam diu tantaque concordia vixerit tecum quam ego cum marito, volo." [91L]

Angaben: 1) sumo 3, sumpsi, sumptum: zu sich nehmen. 2) praemium, -i: Lohn. 3) agere *(hier)*: spielen. 4) gener, -i: Schwiegersohn.

I.R.XX-5

(1) Sophocles⁰ usque ad extremam aetatem tragoedias⁰ fecit. (2) cum autem huic studio tantopere se daret, ut rem familiarem[1] neglegere videretur, a filiis vocatus est in iudicium, ut iudices eum quasi desipientem[2] ab officiis civilibus prohiberent. (3) qua re audita poeta fabulam, quam paulo ante confecerat, in iudicio ad usum sui defendendi secum habere constituit. (4) rogavit enim, ut sibi liceret carmen recitare⁰. (5) quo in iudicio lecto quaesivit, num[3] hoc opus desipientis[2] esse videretur. (6) tum omnium sententiis est liberatus. [75L]

Angaben: 1) res familiaris: Familieneigentum. 2) desipiens, -ntis: irr. 3) num: ob.

I.R.XX-6

(1) C. Plinius amico suo s.d.. (2) heri, cum in iudicio dicturus essem, frequens auditorum⁰ turba cupidine audiendi invitata aditus[1] fori obsidebat. (3) licuit complures satis amplos viros videre rogantes, ut admitterentur. (4) vidi ipse ornatum adulescentem scissa[2], ut in turba solet, toga per septem horas — tam diu enim dixi — immotum⁰ stantem. (5) neque invidia ambitionis impedior, quominus dicam me splendidissimam orationem habuisse. (6) cur ergo fama nominis mei non gaudeam, cum voce exhausta[3] fructum⁰ capio multi laboris? [73L]

Angaben: 1) aditus, -us: Zugang. 2) scindo 3, scidi, scissum: zerreißen. 3) exhaurio 4, -hausi, -haustum: erschöpfen.

I.R.XX-7

(1) Arion⁰, cantator⁰ ille praeclarissimus, magnis divitiis arte canendi paratis Corinthum redire constituit. (2) nautae autem re cognita spe praedae adducti consilium necandi Arionis⁰ ceperunt. (3) nave igitur avecta complures cantatorem⁰ circumdederunt pecuniae cupidi. (4) qui timore solutus id unum oravit, ut sibi liceret supremum carmen dicere. (5) quo dicto in mare desiluit. (6) ecce delphinus⁰ apparuit Arionemque in tergo Corinthum vexit. (7) ibi statim ad regem admissus rem, sicut fuerat, narravit. (8) itaque nave, qua Arion⁰ vectus erat, appulsa nautae poenam sceleris solverunt. [77L]

I.R.XX-8

(1) Athenienses, cum Persas⁰ urbem petentes nullo modo possent arcere, statuerunt, ut urbe relicta, coniugibus et liberis depositis[1] in naves ascenderent libertatemque Graeciae classe defenderent. (2) at Cyrsilus⁰ quidam consilio cognito timore Persarum⁰ tantopere est commotus, ut suaderet[2], ut in urbe manerent regemque appropinquantem reciperent. (3) qua re audita Athenienses hominem lapidibus obruerunt[3]: (4) cum enim ille utilitatem spectare videretur, ea tamen nulla erat repugnante[4] honore. (5) cum igitur id, quod utile⁰ videtur, cum eo, quod honestum est, comparatur, neglegatur utilitas, valeat honestum! [80L]

Angaben: 1) depono 3, -posui, -positum: in Sicherheit bringen. 2) suadeo 2, suasi, suasum: raten. 3) lapidibus obruo 3, -rui, -rutum: mit Steinen bewerfen. 4) repugno 1: dagegensprechen.

I.R.XX-9

(1) quidam pictor[1] diabolum⁰ cum cornibus, sicut scivit, in muro pinxit[1] et imaginem beatae Mariae in eodem loco tam pulchram, ut pulchrior esse non posset. (2) quibus rebus confectis diabolus⁰ ira incensus advenit dicens: (3) „cur me tam atrocem et beatam Mariam tam pulchram finxisti?" (4) respondit pictor[1] ita vere esse, ut pictura[1] ostendebat. (5) quibus verbis auditis diabolus⁰ iratus pictorem[1] ab suggesto[2], ubi pinxerat[1] beatae Mariae imaginem, trahere voluit. (6) sed ecce imago piae matris ei manum suam tetendit et pictorem[1], ne caderet, tenuit. [79L]

Angaben: 1) pingo 3, pinxi, pictum: malen. pictor, -oris: Maler. pictura, -ae: Gemälde. 2) suggestum, -i: Gerüst.

I.R.XX-10

(1) „media aestate, autumno nondum appropinquante Atheniensis quidam ad iter faciendum asinum[1] conducere[2] voluit. (2) ibant ergo una dominus asini[1] et, qui eum conduxerat[2]. (3) sole meridie ardente uterque umbra[3] asini delectari voluit. (4) tum certamen erat, utri liceret hoc facere." (5) hanc fabulam Demosthenes⁰ Atheniensibus orationem suam clamore[4] impedientibus narravisse dicitur. (6.7) quam cum omnes arrectis[5] auribus audirent, orator iratus: „de re publica" inquit „me dicentem audire noluistis, de umbra[3] asini[1] dicentem audire vultis!" [69L]

Angaben: 1) asinus, -i: Esel. 2) conduco 3 *(hier)*: mieten. 3) umbra, -ae, f: Schatten. 4) clamor, -oris: Geschrei. 5) arrectus 3: gespitzt.

I.R.XXI-1

Vorbemerkung: In der frühen römischen Republik wird ein Gesetzesantrag eingebracht, es sollten künftig nicht mehr patrizische Konsuln gewählt werden, sondern von der Volksversammlung frei bestimmte Bürger — auch Nichtadelige.

(1) C. Canuleius⁰, tribunus plebis, rogatione[1] lecta haec fere addidit: (2) „nonne attenditis, quam contempti vivatis? (3) lucis vobis huius partem nobiles, si possint, adimant. (4) vix abdunt cogitationes suas: (5) ‚utinam ne vita fruerentur isti, utinam ne formas hominum haberent!' (6) at iam experti sunt, quantum contra consensionem plebis valeret sua potentia. (7) nec nunc erit iis verendum, ne bellum civile oriatur. (8) quid autem in tot bellis externis fecissent, si nemo arma cepisset, nemo sponte sua pugnavisset pro superbis dominis, cum quibus in re publica honorum societas non est?"
[83L]

Angaben: 1) rogatio, -onis: Gesetzesantrag.

I.R.XXI-2

(1) Larcius⁰ quidam a servis suis rem atrocem dictu passus est[1]: (2) servi enim cum verbera saepius subiissent, consilium clam ceperunt domini necandi. (3) qui in villa lavabatur attollebatque oculos, cum vidit se a servis circumdatum. (4) servi, cum dominum vehementissime verberavissent mortuumque tandem arbitrati essent, veriti, ne sceleris poenam solverent, fugae se mandaverunt. (5) de captis tamen domino adhuc vivente supplicium sumptum est[2]. (6) hanc rem auditu mirabilem Plinius tradens amicum quendam hortatus est, ut servis humane uteretur.
[75L]

Angaben: 1) patior 3, passus sum: erleiden. 2) sumo 3, sumpsi, sumptum: nehmen; *(hier)*: vollziehen.

I.R.XXI-3

(1) haud multo post Pedanium Secundum⁰ servus ipsius necavit, sive negata libertate, sive amore exoleti[1] incensus et dominum aemulum[2] non tolerans. (2) cum vetere ex more universos servis ad supplicium agi oporteret[3], senatus a plebe est obsessus. (3) in quo plures nihil mutandum (esse) arbitrabantur. (4) ex quibus C. Cassius⁰ in hunc modum locutus est: (5) „saepe in hoc ordine interfui, cum contra instituta et leges maiorum quidam loquerentur. (6) quod vero hodie evenit, nobili viro domi necato per servos, tolerandum non est."
[76L]

Angaben: 1) exoletus, -i: Lustknabe. 2) aemulus, -i: Rivale. 3) oportet + *AcI*: es ist erforderlich.

I.R.XXI-4

Vorbemerkung: Es handelt sich um die Fortsetzung des vorigen Textes.

(1) contra sententiam Cassii° nemo unus loqui audebat, sed voces quaedam respondebant verendum esse, ne quod bellum civile oreretur, si innocentes[1] quoque mortui essent. (2) plus tamen valuit pars, quae supplicium sumendum[2] esse iudicabat. (3) sed sumi[2] non poterat re ad vim spectante. (4) tum Caesar populum edicto° hortatus est, ut iter, quo damnati ad poenam ducebantur, aperirent. (5) quod plebs indignata tamen permanere non audebat. (6) ita infelices servi omnes — turpe dictu! — consequentibus suis ad supplicium ducti sunt. [73L]

Angaben: 1) innocens, -ntis: unschuldig. 2) sumo 3, sumpsi, sumptum: nehmen; *(hier)*: vollziehen.

I.R.XXI-5

(1) C. Plinius de liberto quodam haec fere scribit: (2) „est mihi libertus Zosimus° nomine. (3) cuius valetudo dolore me afficeret, etsi natura asperior essem. (4) utor enim eo comoedo, in qua arte plurimum valet. (5) sin eo frui mihi iam diutius non liceat, infelicissimus mihi videar. (6) constitui ergo ad curandam valetudinem in praedia amici cuiusdam eum mittere. (7) audivi enim medicum eius loquentem esse ruri aërem[1] optimum. (8) cum ergo aliquamdiu ibi moratus erit, ... — quantopere tamen vereor — nefas dictu! — ; ne moriatur!" [75L]

Angaben: 1) aër, -is, m: Luft.

I.R.XXI-6

(1) C. Plinius Paterno° suo s.d. (2) curas has, de quibus coram[1] locuti sumus, secutae sunt mortes libertorum meorum et quidem adulescentium. (3) solacia haud paria tanto dolori esse arbitror. (4) nec ignoro alios eius modi casus despicere eoque[2] sibi magnos homines et sapientes videri. (5) qui an[3] magni sapientesque sint, nescio — homines non sunt. (6) hominis est enim indignari, adfici dolore, solacia admittere, non autem solaciis non egere. (7) de his plura coram[1] loquemur. (8) est enim quoddam etiam dolendi gaudium, si amicis veris uti possis. [82L]

Angaben: 1) coram: persönlich. 2) eo: deswegen. 3) an: ob.

I.R.XXI-7

(1) C. Plinius Traiano Imperatori. (2) proximo anno, domine, gravissima valetudine usque ad periculum vitae veni: (3) tum medico peregrinae[1] condicionis sum usus, cuius studio tuae tantum benevolentiae beneficio gratias pares agere possum. (4) quare hortor te, ut des ei civitatem Romanam. (5) vererer, ne nimis aperte tecum loquar, nisi scirem te ne hortandum quidem esse ad humanitatem exhibendam[2] iis, qui bene de viro Romano meriti sunt.[3] (6) nomen est ei Harpocras°, domina, quam habuit, iam pridem[4] mortua est. [73L]

Angaben: 1) peregrinus 3: ausländisch. 2) exhibeo 2: erweisen. 3) mereor 2, meritus sum: sich verdient machen. 4) pridem: längst.

I.R.XXI-8

(1) M. Minicio et A. Sempronio consulibus magna vis frumenti ex Sicilia apportata est, actumque in senatu, quanti[1] plebi daretur. (2) multi venisse tempus premendae plebis arbitrabantur recuperandique[2] iura, quae patribus vi adempta erant. (3) imprimis Marcius Coriolanus°, hostis potestatis tribunorum, contra plebem locutus est: (4) „si annonam[3] veterem volunt, ius antiquum reddant patribus. (5) egone has iniurias diutius tolerem? (6) fruantur frumento, quod ex agris rapuerunt!" (7) haud facile dictu erat, num[4] plebs vereretur, ne condicione minuendi annonam[3] potestas tribunorum sibi adimeretur. [78L]

Angaben: 1) quanti: wie teuer. 2) recupero 1: wiedererlangen. 3) annona, -ae: Getreidepreis. 4) num: ob.

I.R.XXI-9

Vorbemerkung: Im Jahre 450 war die plebs ein zweites Mal aus Protest gegen die Willkür der Patrizier aus Rom ausgewandert.

(1) tum Valerius° Horatiusque° missi sunt ad plebem certis condicionibus revocandam. (2) veriti, ne ira plebis se acciperet, gaudio ingenti plebis in castra accipiuntur quasi haud dubie liberatores°. (3) iis advenientibus gratiae actae sunt. (4) Icilius° pro multitudine locutus est. (5) cum de condicionibus loqueretur, quaerentibus legatis, quae postulata[1] plebis essent, ea postulavit[1], ut appareret in iustitia plus quam in armis poni spei. (6) legati ad ea: „iure aequo in civitate vivamus nec faciendo iniuriam nec tolerando! (7) cetera iura tum consequemini: nunc libertatem peti satis est." [81L]

Angaben: 1) postulo 1: fordern; postulatum, -i: Forderung.

I.R.XXI-10

(1) eiusdem anni rem dictu parvam praetermitterem, nisi ad religionem videretur attinere. (2) tibicines¹, quia prohibiti erant in aede Iovis vesci, Roma abierunt, ut nemo in urbe esset, qui in sacrificiis² caneret. (3) quae res tenuit senatum legatosque miserunt oratum, ut ii homines Romam redirent. (4) hortati igitur sunt eos, ut se Romam sequerentur. (5) cum autem movere eos non possent, consilio haud stulto usi sunt: (6) ad convivium³ invitatos tibicines¹ vino temptant atque ita vino mox domitos Romam reportant. (7) tum iis redditum in aede vescendi ius est. [83L]

Angaben: 1) tibicen, -inis: Flötenspieler. 2) sacrificium, -i: Opfer. 3) convivium, -i: Festmahl.

I.R.XXII-1

(1) quid ego de M. Marcello⁰ loquar, qui Syracusas, urbem ornatissimam, cepit? (2) tamen ad Marcellum⁰ revertar, ne haec a me sine causa commemorata esse videantur. (3) qui cum tam praeclaram urbem vi copiisque cepisset, non putavit populi Romani esse hanc pulchritudinem, ex qua periculi nihil ostenderetur, delere. (4) itaque aedificiis omnibus sic pepercit, quasi¹ ad ea defendenda, non expugnanda venisset. (5) victoriae arbitrabatur esse multa Romam deportare, humanitatis urbem non exspoliare². (6) ne quis ausus sit cum illo viro Verrem comparare, quem vi et iniuria Siciliam exspoliavisse² scimus! [85L]

Angaben: 1) quasi + *coniunct.*: als ob. 2) exspolio 1: plündern.

I.R.XXII-2

(1) nemo est, quin summa cum admiratione P. Cornelii Scipionis Africani⁰ meminerit. (2) qui patrem imitatus¹ nihilo locupletior fuit Carthagine capta. (3) Italiam ornare quam domum suam maluit. (4) nullum igitur vitium turpius est quam avaritia, imprimis in principibus. (5) itaque ii, qui rei publicae praesunt, ne obliviscantur huius oraculi, quod ab Apolline editum esse constat: (6) Spartam⁰ nulla alia re nisi avaritia esse morituram. (7) quod utrum deus Spartae tantum an omnibus populis praedixerit⁰, quaerendum non est. (8) nulla ergo re facilius benevolentiam multitudinis consequi possunt principes quam abstinentia⁰. [82L]

Angaben: 1) imitor 1: nachahmen.

I.R.XXII-3

(1) cum Haluntium⁰, in nobile quoddam oppidum Siciliae, iste praetor venisset, ipse in oppidum noluit accedere. (2) Archagathum⁰ igitur Haluntinum⁰ ad se vocari iussit. (3) ei negotium dedit, ut, quidquid Halunti esset argenti, signorum, tabularum, ea omnia statim ad mare ex oppido deportarentur. (4) Archagathus⁰ primum non ausus suos adloqui tandem, quid sibi imperatum esset, ostendit. (5) nemo autem erat, quin tyranni imperium pateretur. (6) ignorabant enim, utrum ipse conquisiturus omnia esset necne. (7) ita hominibus invitis signa tabulaeque deportantur, quae sine maximo dolore nemo amisit. [80L]

I.R.XXII-4

(1) videte maiorum diligentiam: (2) neminem, qui cum potestate in provinciam erat profectus, tam stultum fore arbitrati sunt, ut emeret argentum — dabatur enim de publico. (3) quae fuit causa, cur tam diligenter nos in provinciis ab emendo prohiberent? (4) haec, quod putabant iniuriam esse, si venditor[1] invitus vendere[1] cogeretur. (5) nemo enim est, quin id, quod praetori vel alteri magistratui viderit placere, quamvis[2] invitus vendat[1]. (6) ne ergo patiamur mercatores[3] in provincias mitti, qui signa, tabulas, omne argentum et aurum conquirant, nihil cuiquam relinquant. [78L]

Angaben: 1) vendo 3, -didi, -ditum: verkaufen; venditor, -oris: Verkäufer. 2) quamvis: wenn auch noch so. 3) mercator, -oris: Händler.

I.R.XXII-5

(1) Gavius⁰ quidam, cum Messanam venisset, loqui Messanae ausus est se civem Romanum a Verre iniuriam passum esse. (2) non intellegebat miser nihil interesse[1], utrum haec Messanae an apud praetorem ipsum loqueretur. (3) nam, ut ante vos docui, hanc sibi iste urbem delegerat, quam haberet adiutricem[2] scelerum. (4) itaque cum ad magistratum Messanae pluribus comitantibus profectus esset, quidam eum adlocutus est: (5) „num tu nescis neminem esse, quin a Verre audiatur? (6) ubique enim aures habet. (7) qui praetorem istum accusaverit, ne confidat iustitiam Romanam sibi auxilio venturam esse!" [83L]

Angaben: 1) nihil interest: es ist einerlei.

I.R.XXII-6

Vorbemerkung: Es handelt sich um die Fortsetzung des vorigen Textes.

(1) eo ipso die casu Messanam Verres venit. (2) dicitur ei civem Romanum iniuriam a praetore passum esse multis praesentibus dixisse. (3) Verres agit magistratibus gratias eorumque benevolentiam erga se diligentiamque laudat. (4) exspectabant omnes, utrum hominem, qui eum accusaverat, auditurus esset necne, cum repente hominem produci vehementissimeque verberari iubet. (5) clamabat ille miser se civem esse Romanum. (6) iste tamen iubet undique hominem verberari. (7) quamquam nemo erat, quin ius omne violari sentiret, nemo tamen ausus est praetorem ullo verbo adloqui. [78L]

I.R.XXII-7

(1) Crotoniatae[1] quondam florentes templum Iunonis, quod maxime colebant, egregiis tabulis ornare voluerunt. (2) itaque Zeuxin[2], quem tum longe ceteris praestare artificibus arbitrabantur, advenire iusserunt. (3) qui Helenae⁰ se imaginem fingere velle dixit. (4) quod Crotoniatae[1], qui eum in feminis fingendis aliis praestare saepe accepissent, libenter audiverunt. (5) arbitrabantur enim eum egregium sibi opus illo in templo relicturum esse. (6) tum Crotoniatae[1] virgines pulcherrimas conquisiverunt et pictori[3], quam vellet, (d)eligendi potestatem dederunt. (7) ille autem, cum putaret nihil esse, quin vitium quoddam haberet, quinque delegit. (8) et confecit egregium artificium eximia pulchritudine. [84L]

Angaben: 1) Crotoniatae, -arum: die Bewohner von Kroton. 2) Zeuxis, *acc.* -in: Zeuxis, *ein Maler und Bildhauer.*

I.R.XXIII-1

Vorbemerkung: Hieronymus, schwer erkrankt, hat folgenden Fiebertraum.

(1) subito auferor ad iudicium, ubi tantum erat luminis, ut attollere oculos non auderem. (2) interrogatus condicionem Christianum me esse respondi. (3) „mentiris[1]," inquit „Ciceronianus⁰ es, non Christianus." (4) tum caedi me iusserat. (5) inter verbera tandem clamavi: „miserere[2] mei, domine!" (6) fiebat autem, ut quidam, qui adessent, orarent, ut adulescenti parceret. (7) quaesivit a me, num quando gentiles[3] libros legissem. (8) negavi. (9) quis credat me post somnum[4] adhuc verbera sensisse? (10) factum est autem, ut ex eo die tanto studio divina legerem, quanto mortalia ante non legissem. [79L]

Angaben: 1) mentior 4: lügen. 2) misereor 2: sich erbarmen. 3) gentilis, -e: heidnisch. 4) somnus, -i: Schlaf.

I.R.XXIII-2

(1) per idem tempus Maximus⁰ Noricensis⁰ fide incensus media hieme¹, qua regionis illius itinera nivibus² clauduntur, ad beatum Severinum⁰ se contulit. (2) comitabantur eum quidam, qui vestes pauperibus profuturas afferrent. (3) itaque profecti ad Alpes⁰ pervenerunt, ubi per totam noctem nix² tanta confluxerat, ut eos paene includeret. (4) accidit autem, ut unus ex comitibus videret effigiem Dei stantem ac dicentem sibi: „nolite timere!" (5) ecce factum est, ut repente ingentis formae ursus³ ad eos pedes ferret viam monstraturus. [73L]

Angaben: 1) hiems, -is: Winter. 2) nix, nivis: Schnee. 3) ursus, -i: Bär.

I.R.XXIII-3

Vorbemerkung: Es handelt sich um die Fortsetzung des vorigen Textes.

(1) ursus¹ igitur viros, qui pauperibus afferebant solacia, non reliquit, sed usque ad vallem deduxit ostendens tanto officio, quid homines hominibus praestare debeant. (2) cum autem Severino⁰ referretur venisse Maximum⁰ eiusque comites, qui media hieme² per Alpes⁰ pedes tulissent, nihil percontatus Deo gratias egit dicens: (3) „sit nomen Domini benedictum! (4) hic adveniunt ii, quibus viam, qua venirent, ursus¹ aperuit." (5) quibus verbis auditis illi summa admiratione commoti quaesiverunt a viro Dei, qua ratione referre posset id, quod eo absente accidisset. [77L]

Angaben: 1) ursus, -i: Bär. 2) hiems, -is: Winter.

I.R.XXIII-4

Vorbemerkung: Aus dem *somnium Scipionis*. Scipio träumt von seinen ihm das Jenseits deutenden Ahnen.

(1) ubi primum loqui potui, patrem percontatus sum: (2) „quoniam haec est vita, quid moror in terris? (3) cur ad vos venire non propero?" (4) „non est ita" inquit ille. (5) „nisi enim deus istis te corporis vinculis¹ liberaverit, aditus patere tibi non potest. (6) homines enim sunt hac lege facti, qui tuerentur² terram. (7) quare et tibi et piis omnibus retinendus animus est in vinculis¹ corporis nec iniussu eius, a quo ille est vobis datus, ex hominum vita migrandum est, ne munus humanum assignatum a deo defugere videamini." [82L]

Angaben: 1) vinculum, -i: Fessel. 2) tueor 2: schützen.

I.R.XXIII-5

(1) cum omnis vitae bonae ac beatae via in vera religione sit posita, qua unus deus colitur, error eorum manifestus[1] fit, qui multos deos colere quam unum verum deum et dominum omnium maluerunt. (2) quid enim fecerunt di Graecorum divinis honoribus dignum? (3) quot quantorumque arguuntur scelerum! (4) Iovem, cum patrium regnum vi et armis cepisset, bello ferunt a Titanibus temptatum esse; (5) quibus victis et pace parata reliquam suam vitam in rebus turpibus egisse fertur. (6) haec qui facit — sit Maximus —, Optimus non est. [80L]

Angaben: 1) manifestus 3: offenkundig.

I.R.XXIII-6

(1) Dionysium° tyrannum, cum venisset in templum Iovis, iussisse ferunt adimi ei auratum amictum[1]. (2) sic deum risit suum, ut eum nec onus[2] ferre posse nec frigus putaret. (3) fertur enim dixisse aurum hieme[3] frigidum°, aestate grave esse. (4) abstulit etiam barbam[4] Aesculapii° dicens filio non licere barbam[4] habere, cum Apollo pater eius non haberet. (5) ita di ludibrio habiti sunt, ut neque Iupiter vestem suam defendere potuerit, nec barbam[4] Aesculapius°. (6) si forte percontaris, quid homini acciderit pro criminibus: in suo lecto fertur mortuus esse. [80L]

Angaben: 1) amictus, -us: Umhang. 2) onus, -eris: Last. 3) hiems, -is: Winter. 4) barba, -ae: Bart.

I.R.XXIII-7

(1) adulescens fuit quidam, qui compellente diabolo° multa crimina fecerat et diu ei serviverat. (2) veritus ergo diabolus°, ne eum amitteret, in forma cuiusdam socii eius apparuit ei dicens: (3) „eamus ad ripam fluminis!" volens eum necare. (4) in via autem erat quaedam capella°, quam intravit diabolo° foris[1] exspectante. (5) adulescens igitur confitebatur et sic opera mala diaboli° defugiebat. (6) diabolus° vero singulos exeuntes° percontatus est de socio. (7) accidit autem, ut exeuntem ipsum non cognosceret. (8) tum ille: „ego sum, deus me de tua societate liberavit. (9) aufer te hinc[2]!" [82L]

Angaben: 1) foris: draußen. 2) hinc: von hier, von hinnen.

Von hier an werden keine Vokabeln mehr angegeben — es soll vielmehr, wie bei der Autorenlektüre, das Wörterbuch benützt werden.

I.R.XXIV-1

(1) Vercingetorix, cum ad suos redisset, proditionis accusatus est, quod castra propius Romanos movisset, quod cum omni equitatu discessisset, quod sine imperio tantas copias reliquisset, quod eius discessu Romani tanta opportunitate et celeritate venissent. (2) non haec omnia fortuito aut sine consilio accidere potuisse. (3) tali modo accusatus ad haec respondit: (4) quod castra movisset, factum (esse) inopia pabuli, etiam ipsis hortantibus; (5) equitum vero operam illic quoque fuisse utilem; (6) imperium se ab Caesare per proditionem nullum desiderare, quod habere victoria posset, quae iam esset sibi atque omnibus Gallis certa. [84L]

I.R.XXIV-2

(1) Vercingetorix concilio convocato cohortatus est suos, ne animo deficerent. (2) non virtute neque in acie vicisse Romanos, sed artificio quodam et scientia oppugnationis, cuius rei fuerint ipsi imperiti; (3) errare (eos), qui in bello secundas res semper exspectent. (4) sibi numquam placuisse Avaricum oppidum defendi, cuius rei testes ipsos haberet; (5) sed factum esse imprudentia Biturigum, ut hoc incommodum acciperetur. (6) id tamen se celeriter maioribus commodis sanaturum. (7) interea oportere communis salutis causa castra munire, quo facilius repentinos hostium impetus sustinerent. [75L]

I.R.XXIV-3

(1) legati ac Caesarem principes Aeduorum veniunt oratum, ut maxime necessario tempore civitati subveniat: (2) summo esse in periculo rem, quod, cum singuli magistratus antiquitus creari atque regiam potestatem annuam obtinere consuessent, duo magistratum gerant et se uterque eorum legibus creatum esse dicat. (3) horum esse alterum Convictolitavem, florentem et illustrem adulescentem, alterum Cotum, antiquissima familia natum, cuius frater Valetiacus proximo anno eundem magistratum gesserit. (4) civitatem esse omnem in armis. (5) divisum esse senatum, divisum populum. (6) si diutius alatur controversia, fore, ut pars cum parte civitatis confligat. (7) id ne accidat, positum in eius diligentia atque auctoritate.

[92L]

I.R.XXIV-4

(1) dum haec ad Gergoviam geruntur, Convictolitavis Aeduus sollicitatus ab Arvernis pecunia cum quibusdam adulescentibus colloquitur; quorum erat princeps Litaviccus atque eius fratres, amplissima familia nati adulescentes. (2) cum his praemium communicat hortaturque eos, ut se liberos et imperio natos meminerint. (3) unam esse Aeduorum civitatem, quae certissimam Galliae victoriam distineat; eius auctoritate reliquas contineri; qua traducta locum consistendi Romanis in Gallia non fore. (4) placuit, ut Litaviccus decem illis milibus, quae Caesari ad bellum mitterentur, praeficeretur. (5) reliqua qua ratione agi placeat, constituunt. [80L]

I.R.XXIV-5

(1) Caesar contione advocata temeritatem cupiditatemque militum reprehendit, quod ipsi sibi iudicavissent, quo procedendum aut quid agendum videretur neque signo recipiendi dato constitissent neque ab tribunis militum legatisque retineri potuissent. (2) exposuit, quid iniquitas loci posset, quid ipse ad Avaricum sensisset, cum sine duce et sine equitatu deprehensis hostibus exploratam victoriam dimisisset; (3) quanto opere eorum animi magnitudinem admiraretur, quos non castrorum munitiones, non altitudo montis, non murus oppidi tardare potuisset, tanto opere licentiam arrogantiamque reprehendere, quod plus se quam imperatorem de victoria atque exitu rerum sentire existimarent. [88L]

I.R.XXIV-6

(1) Caesar, cum in ulteriorem Galliam pervenisset, cognoscit profectum esse Domitium, legatum Pompei(i), ad occupandam Massiliam navibus septem. (2) Massilienses portas Caesari clauserant. (3) quos ille ad se vocatos monuit, ne initium inferendi belli ab Massiliensibus oreretur. (4) reliqua, quae ad eorum sanandas mentes pertinerent, commemorat. (5) tum ii haec Caesari respondent: (6) „intellegimus divisum esse populum Romanum in partes duas, neque nostrarum est virium discernere, utra pars iustiorem habeat causam." (7) haec dum inter eos aguntur, Domitius navibus Massiliam pervenit et ab iis receptus urbi praeficitur; (8) potestas ei belli administrandi permittitur. (9) quibus iniuriis commotus Caesar haud cunctatus legiones tres Massiliam adduxit. [95L]

I.R.XXIV-7

(1) Caesar omnibus rebus relictis prosequendum (esse) sibi Pompeium existimavit, ne rursus copias comparare alias et bellum renovare posset. (2) erat edictum Pompei(i) nomine propositum, ut omnes eius provinciae iuniores, Graeci civesque Romani, iurandi causa convenirent. (3) sed utrum avertendae suspicionis causa Pompeius (id) proposuisset, ut quam diutissime longioris fugae consilium occultaret, an novis dilectibus, si nemo premeret, Macedoniam tenere conaretur, iudicari non poterat. (4) ipse ad ancoram una nocte constitit cognitoque Caesaris adventu ex eo loco discessit et Cyprum pervenit. (5) ibi cognoscit coniuratione omnium civium Romanorum arcem captam esse excludendi sui causa. (6) iamque de Caesaris adventu fama ad civitates perferebatur. [98L]

I.R.XXIV-8

Vorbemerkung: Es handelt sich um die Fortsetzung des vorigen Textes.

(1) Caesaris cognito adventu Pompeius deposito adeundae Syriae consilio duobusque milibus hominum in naves impositis Pelusium pervenit. (2) accidit, ut ibi casu esset Ptolomaeus rex, puer aetate, magnis copiis cum sorore Cleopatra bellum gerens, quam paucis ante mensibus per suos amicos regno expulerat. (3) ad eum Pompeius legatos misit, ut in urbe Alexandrina hospitio reciperetur. (4) sed qui ab eo missi erant, liberius cum militibus regis colloqui coeperunt eosque cohortari, ut suum officium Pompeio praestarent. (5) his tunc cognitis rebus amici regis timore adducti, ne Pompeius Aegyptum occuparet, clam consilio capto milites duo ad interficiendum Pompeium miserunt. [94L]

I.R.XXIV-9

Vorbemerkung: Im Krieg um Alexandria bedient sich Cäsar der Hilfe der mit den Römern befreundeten Rhodier.

(1) Rhodiis navibus praeerat Euphranor, virtute sua magis cum Romanis quam cum Graecis comparandus. (2) qui Caesari: „videris mihi," inquit „Caesar, vereri, ne pugnare cogaris, priusquam classem potueris explicare. (3) at nos non deerimus: nos proelium sustinebimus, donec reliqui subveniant. (4) hostes quidem diutius in nostro conspectu gloriari magno nobis dedecori est." (5) tum Caesar omnes cohortatus dat signum pugnae. (6) sed non erat facultas bene gerendae rei: (7) accidit, ut progressas ulterius Rhodias naves circumvenirent Alexandrini atque in eas impetum facerent. (8) capiuntur hoc proelio naves longae duae et amittuntur tres, reliquae, quibus pugnandi facultas non fuerat, fugam ad oppidum capiunt. [94L]

I.R.XXIV-10

(1) Caesare militibus ad pugnam cohortante magnus eorum numerus ex longis navibus in molem se coniecit. (2) pars eorum studio spectandi ferebatur, pars etiam cupiditate pugnandi. (3) sed ab Alexandrinis paucis egredi ex navibus ausis pulsi in naves refugere coeperunt. (4) quorum fuga incitati Alexandrini plures ex navibus egrediebantur nostrosque acrius perturbatos insequebantur. (5) quibus omnibus rebus perturbati milites nostri veriti, ne a tergo circumvenirentur et reditu intercluderentur, munitionem reliquerunt et ad naves contenderunt. (6) Caesar cohortando suos ad munitionem continens eodem in periculo versatus est; (7) postquam universos cedere animadvertit, in suum naviculum se recepit. (8) tum viribus suis nisus ad eas, quae longius constiterant, naves adnatavit. [101L]

I.R.XXV-1

(1) Deianira, Herculis uxor, virgine captiva egregiae formae adducta magnum quoddam suum periculum verita est. (2) itaque vestem sanguine centauri tinctam per servum quendam viro misit. (3) nam meminerat Nessum centaurum dicere: (4) „si de fide mariti vereberis, sanguine meo iube vestem eius tingi!" (5) at Hercules veste mutata statim flagrare coepit. (6) quam cum detrahere audebat, viscera sequebantur. (7) in flumen quin etiam simul ac se coniecit, maior flamma exibat. (8) tum Herculem ferunt rogum a Philoctete amico constructum ascendisse ibique mortuum esse. (9) quibus rebus peractis Deianiram se ipsam interfecisse constat. [85L]

I.R.XXV-2

(1) Perseus Andromedam vinctam catenis in saxo pendentem simul ac invenit, tam atrocis supplicii causam ab ea quaesivit. (2) quae matrem ausam (esse) dicere ipsas se Nereides forma superare rettulit; (3) pro matre se Neptuni poenam ferre (dixit). (4) qua re audita progrediebatur vir ad virginem, cum repente monstrum ingens procul apparuit. (5) Perseus Mercurio deo adiuvante sicut avis se levavit monstroque imminenti caput Medusae ostendit. (6) quo facto monstrum statim in saxum est redactum. (7) Andromedam autem catenis tandem ablatis Perseo nupsisse constat.

[77L]

I.R.XXV-3

(1) Ulixes in insulam quandam tempestate est delatus. (2) ibi Circe, Solis filia, potione data homines in sues mutabat. (3) ad quam Ulixes Eurylochum cum aliquot sociis misit: (4) quos illa ab humana specie in suinam mutavit. (5) Eurylochus autem ipse intrare veritus aufugit facinusque Ulixi nuntiavit. (6) qui cum remedium a Mercurio deo sibi datum secum haberet, potionem a Circe oblatam accipere haud veritus est. (7) tum gladio educto: „age restituas" inquit „mihi socios!" (8) Circe tandem intellegens id non dis invitis esse factum socios ad priorem formam restituit.
[83L]

I.R.XXV-4

(1) Hecuba, uxor Priami, regis Troiae, cum complures iam liberos haberet, praegnans per somnium vidit se facem ardentem parere. (2) id cum marito narravisset, infantem, ne patriae exitio esset, necare iussa est. (3) postquam peperit, paret viro et infantem servis dat interficiendum. (4) qui puerum matri ademptum in silva exposuerunt, ne suis ipsorum manibus occideret. (5) sed pastores ligna forte ibi colligentes infantem inventum, ne moreretur, secum domum tulerunt. (6) et cum Troiae parentes iam essent infantis illius obliti, is adulescens factus sive casu sive consilio deorum in patriam rediit.
[84L]

IR.XXV-5

Vorbemerkung: Es handelt sich um die Fortsetzung des vorigen Textes.

(1) legati, cum ad pastorem a Priamo rege missi, ut taurum eorum aliquis adduceret, venissent, Paridi taurum, quem amabat, adimere ausi coeperunt (eum) abducere. (2) qua re adulescens perturbatus eos persecutus est, ut taurum sibi redderent. (3) assecuto tandem se legati: „rex nos" inquiunt „iussit hunc adducere: nobis parendum (est)." (4) ille amore incensus sui tauri Troiam eos comitatus est ignorans se ad suos ire. (5) ibi cum Deiphobus frater gladium eduxisset, ut eum interficeret, Cassandra soror os aperuit eumque fratrem esse dixit. (6) sic Paris, ne occideret taurus, Troiam profectus Troiae parentes sui oblitos invenit.
[89L]

I.R.XXV-6

(1) Hippolytum, Thesei filium, cum fraude novercae periisset, ad lumina vitae retro ferunt venisse recreatum ignoto remedio „et amore Dianae". (2) qua re commotus Iupiter, cum vereretur, ne ab umbris plures ad superos redirent, Aesculapium, filium Apollinis, ad undas Stygis deiecit. (3) at Diana, ne dilectus sibi iuvenis eriperetur, metuens in silva eum occultavit, ut ignotus ibi mutatoque nomine vitam ageret. (4) qui more suo vetere equis dabat operam, cum ipse equis perturbatis occidisset. (5) neque autem ullo die templum numinis sibi amici non adiit deam oratum. [83L]

I.R.XXV-7

(1) cives oppidi Lauriaci crebris quondam sancti Severini monitis fatigati frumentum pauperibus offerre tamen omiserant. (2) maturescentis autem frumenti ubi vitium nociturum se ostendit, mox illum convenerunt ipsos hoc se meruisse confitentes. (3) qui cum humi iacentes paenitere se avaritiae significassent, miles Christi eos his fere verbis adlocutus est: (4) „si cibum" inquit „obtulissetis pauperibus, non solum aeterna voluptate frueremini, sed etiam rebus uti possetis praesentibus. (5) sed quia contritis cordibus accessistis, dubium non est, quin veniam Domini nancturi sitis." (6) his (verbis) eos ad offerendum pauperibus cibum postquam reddidit paratiores, magnus imber frumentum paene iam corruptum conservavit.
[91L]

I.R.XXV-8

(1) de malo scriptore se laudante. (2) Aesopo seni quidam scripta recitarat mala, in quibus turpi laude sui functus erat. (3) scire ergo cupiens, quid de his sentiret senex, quaesivit, num ei visus esset superbior; (4) haud impudentem sibi sui ingenii laudem videri, quia revera esset laude dignum. (5) tum ille non solum recitatis, sed etiam recitantis temeritate commotus respondisse fertur minime se indignari, quod ipsum se tam avide laudasset; (6) illud enim ab alio ei numquam eventurum esse. (7) Die Sätze 4 und 6 sind in direkte Rede zu verwandeln! [73L+20D=93]

I.R.XXV-9

(1) Mercurium ferunt olim a mulieribus duabus hospitio sordido turpiter receptum esse; (2) quarum unam in cunis parvum filium habuisse, alteram meretricem fuisse. (3) ut ergo gratias officiis parem illis referret, abiturum (eum) et iam limen excedentem dixisse se deum (esse) iisque daturum (esse), quidquid optassent. (4) matrem rogasse, ut barbatum quam primum videret filium, meretricem, ut sequeretur se, quidquid tetigisset. (5) Mercurio profecto barbatum infantem in cunis a matre repertum esse. (6) quod cum altera nimis risisset, nares ei, ut fieri solet, mucco adeo esse completas, ut emungere vellet. (7) comprehensum igitur manu nasum ad terram usque tractum esse. [91L]

I.R.XXV-10

(1) Aesopus de canibus legatos ad Iovem mittentibus: (2) canes legatos olim ad Iovem misisse meliorem vitam oratum. (3) ut vero vultum magni Iovis vidissent, totas aedes Olympi timentes concacasse. (4) quos a Iove probe pulsos nec dimissos esse. (5) post aliquod tempus canes, cum repperissent rem, iterum legatos misisse, sed timentes, ne quid simile rursus accideret, unguento corporis partem quandam legatorum complesse. (6) hos quoque in conspectum Iovis progressos naturam domare haud potuisse statimque incontinentiae poenas dedisse. (7) ita etiam nunc exspectari legatos a canibus, ac propterea canes, si quem viderint novum venire, solere statim olfacere. [91L]

LERNHILFEN · LATEIN
VERLAG BRAUMÜLLER – WIEN
FÜR DIE 5.-8. KLASSE DES GYMNASIUMS
FÜR DIE 6.-8. KLASSE DES REALGYMNASIUMS

Reihe Übungstexte, herausgegeben von Friedel Schindler

1. Übungstexte zu Caesar und Ovid
2. Übungstexte zu Livius, Sallustius, Cicero *auslaufend*

Übungstexte, Neue Reihe, herausgegeben von Friedel Schindler

80 Übungstexte: Fabeln, Sagen, Austria Romana *in Vorbereitung*
100 Übungstexte zu Cicero, Reden und Briefe
100 Übungstexte zu Sallustius, Livius, Römische Republik *im Druck*
50 Übungstexte zur Lyrik (Catullus, Tibullus, Propertius, Horatius)
70 Übungstexte zur Epik (Vergilius)
100 Übungstexte zur Philosophie (Cicero, Seneca)
60 Übungstexte zu Tacitus, Römische Kaiserzeit
60 Übungstexte zu Plinius, Briefliteratur
60 Übungstexte: Christliche Texte, Augustinus *in Vorbereitung*

*Die Reihe Übungstexte enthält abgeschlossene Textpartien aus den Schulautoren und solchen Texten, die diesen in inhaltlicher sowie sprachlicher Hinsicht nahestehen. Durch die Gestaltung in der Art von Schularbeiten oder von schriftlichen Reifeprüfungsarbeiten kann der Lernende sowohl laufend sein Können in Situationen überprüfen, die denen bei realen Prüfungen entsprechen, als auch durch die Anpassung seiner Lernarbeit an die dort gestellten Anforderungen seine Erfolgsaussichten wesentlich verbessern. Die Alte Reihe wird laufend durch die im Umfang erweiterte und teilweise neu gestaltete Neue Reihe ersetzt. Die beigegebenen Übersetzungen — in der Neuen Reihe zu **allen** Stellen — erlauben es auch Personen, die mit dem Fach weniger vertraut sind — etwa Eltern oder älteren Geschwistern —, die Leistung zu kontrollieren.*

Für die Reifeprüfung

W. Berger – R. Scheer, Die Latein-Matura

Während die Übungstexte auch zahlreiche für die schriftliche Reifeprüfung geeignete Stellen enthalten, geht es hier eher darum, an Hand weniger ausgesuchter Textstellen in kurzer, einprägsamer Form die gesamte Grammatik zu wiederholen und Strategien aufzuzeigen, durch die man die in der Übersetzungsarbeit auftretenden Probleme meistern kann.

Stand: Okt. 1990

Die Preise können den aktuellen Prospekten entnommen werden.
Fragen Sie Ihren Buchhändler!

LERNHILFEN · LATEIN
HORA VERLAG – WIEN
FÜR DIE 3.-8. KLASSE DES GYMNASIUMS
FÜR DIE 5.-8. KLASSE DES REALGYMNASIUMS

ZUM LIBER LATINUS, von Friedel Schindler

85 Probeschularbeiten zum Liber Latinus A.I, mit Lösungen
100 Probeschularbeiten zum Liber Latinus A.II, mit Lösungen
Repetitorium zum Liber Latinus A.I, nach Lektionen geordnet
Repetitorium zum Liber Latinus A.II, nach Lektionen geordnet
Systematisches Übungsmaterial zum Liber Latinus A.I, nach Lektionen geordnet, mit Lösungen
Systematisches Übungsmaterial zum Liber Latinus A.II, nach Lektionen geordnet, mit Lösungen

ZUR VIA NOVA, von Michael Walch

100 Probeschularbeiten zur Via Nova I, mit Lösungen
100 Probeschularbeiten zur Via Nova II, mit Lösungen

ZUM IMPERIUM ROMANUM, Ausgabe A, von Michael Walch

100 Probeschularbeiten zum Imperium Romanum I, mit Lösungen *in Vorbereitung*
100 Probeschularbeiten zum Imperium Romanum II, mit Lösungen *in Vorbereitung*

ZUM IMPERIUM ROMANUM, Ausgabe B, von Michael Walch

100 Probeschularbeiten zum Imperium Romanum I, mit Lösungen
100 Probeschularbeiten zum Imperium Romanum II, mit Lösungen

FÜR ALLE SCHULSTUFEN, von Michael Walch

Latein - Grammatiklexikon

FÜR DIE 8. KLASSEN DER GYMNASIEN, von Friedel Schindler

Kommentar zu einer Auswahl von Gedichten des Horatius

Die verschiedenen Übungsbücher zu den Elementarlehrbüchern — Liber Latinus, Via Nova, Imperium Romanum — halten sich in der Stoffeinteilung an dieselben und begleiten sie Lektion für Lektion; so ist es leicht, das Übungsmaterial oder die Probeschularbeiten zu finden, die genau dem jeweiligen Fortgang des Unterrichts entsprechen. Die Lösungen erlauben auch die selbständige Verwendung — ganz oder zumindest weitgehend ohne fremde Hilfe.

Stand: Okt. 1990

Die Preise können den aktuellen Prospekten entnommen werden.
Fragen Sie Ihren Buchhändler!